Alles aus Liebe

ALEX RAACK

EINE REISE INS HERZ DES FUSSBALLS

TROPEN SACHBUCH

Tropen
www.tropen.de
© 2018 by J. G. Cotta'sche Buchhandlung
Nachfolger GmbH, gegr. 1659, Stuttgart
Alle Rechte vorbehalten
Printed in Germany
Cover: Zero Media GmbH, München
unter Verwendung eines Fotos von © GettyImages/
Rolfo Rolf Brenner
Gesetzt von Dörlemann Satz, Lemförde
Gedruckt und gebunden von CPI – Clausen & Bosse, Leck
ISBN 978-3-608-50383-8

Bibliografische Information der Deutschen Nationalbibliothek
Die Deutsche Nationalbibliothek verzeichnet diese Publikation
in der Deutschen Nationalbibliografie; detaillierte bibliografische
Daten sind im Internet über http://dnb.d-nb.de abrufbar.

INHALT

Vorwort 7

1. KAPITEL
Berlin Olympiastadion 13

2. KAPITEL
Frankfurt 27

3. KAPITEL
Berlin-Köpenick 35

4. KAPITEL
Weimar 45

5. KAPITEL
Hamburg 55

6. KAPITEL
Essen 67

7. KAPITEL
Lehe 79

8. KAPITEL

Sokolov   97

9. KAPITEL

Bochum   105

10. KAPITEL

Berlin-Wedding   115

11. KAPITEL

Stuttgart   129

12. KAPITEL

Deutschland   139

13. KAPITEL

München   149

14. KAPITEL

Zuhause   163

Danksagung   171

VORWORT

Dieses Buch ist für alle, die den Fußball lieben. Für alle, die sich irgendwann einmal in dieses Spiel verguckt haben. Sei es vor dem Radio während der WM 1954, als Rahn einfach schießen musste. Sei es im großelterlichen Wohnzimmer zwanzig Jahre später, als Breitner zwar cool blieb, aber der Coolste von allen ein dünner Holländer war. Sei es 1998 im Italienurlaub, während in Frankreich wieder ein dünner Holländer ein Tor erzielte, das noch schöner war als Julia aus der Nachbarklasse. Für die, denen irgendwann ein Ball vor die Füße rollte und die seitdem eine geradezu unheimliche Anziehungskraft zu diesem Spielgerät verspüren, ob am Wochenende in der Kreisliga oder auf dem Hinterhof beim Bolzen mit den Enkeln. Für die, die einen Verein haben und ihm immer die Treue halten, selbst nach dem zweiten Abstieg in fünf Jahren. Für die, denen dieses Spiel etwas bedeutet. Weil sie durch den Fußball Freunde fürs Leben gefunden haben. Weil sie so viel Spaß im Stadion haben. Weil einige der wichtigsten Momente ihres Lebens unmittelbar mit dem Fußball verbunden sind. Für die, die glauben, dass der Fußball dabei helfen kann, Menschen zu guten Menschen zu machen. Die finden, dass dieses Spiel etwas Besonderes ist, das man schützen und bewahren sollte. Und nicht verkaufen.

Dieses Buch ist für alle, die ein Problem mit dem Fußball von ganz oben haben. Denen kein 22-Millionen-Transfer die Lust am Kicken selbst vermiesen kann, für die das aber Gift für ihre Beziehung als Fans zum Fußball ist. Die seit Jahren immer weniger Fußball gucken, obwohl das eigentlich zu ihrem Leben gehört. Die nicht damit einverstanden sind, dass der Fußball zu einem Event geworden ist und Fans zu Konsumenten gemacht wurden. Die es unerhört finden, dass man zugelassen hat, dass Geld über Tore und Titel entscheidet. Die wütend darüber sind, dass man unseren Sport kaputt macht. Die Angst davor haben, dass deshalb die eigene Liebe zum Fußball erkaltet.

Ich bin so einer. Und ich glaube, wir sind viele. Spätestens seit der WM 2014 spüre ich, wie die Kurve der Begeisterung all jener, denen wirklich etwas an diesem Spiel liegt, nach unten geht. Dass viele die Faxen dicke haben, weil sie inzwischen erkennen, wie versaut der Spitzenfußball wirklich ist. Weltmeisterschaften werden verschoben und die Superstars legen sich nicht mehr mit Diktatoren oder Funktionären an, sondern verstecken ihre Kohle in Steueroasen. Selbst Franz Beckenbauer ist ein fauler Apfel.

Ich habe mich während der Arbeit an diesem Buch

häufig gefragt, was mir die Berechtigung gibt, ein solches zu schreiben. Ob ich mich dafür eigne, stellvertretend für so viele Gleichgesinnte, Geschichten zu erzählen, die von der Liebe zum Fußball handeln und auch davon, wie diese Liebe gerade auf eine schwere Probe gestellt wird. Ob diese Geschichten dafür geeignet sind, ein Buch zu füllen, in dem sich die Leser wiederfinden können, das ihnen Hoffnung gibt und sie vielleicht die eigene Einstellung zum Fußball überdenken lässt. Ich hoffe, ich bin diesen Ansprüchen gerecht geworden. Denn so kann es nicht weitergehen. Am Ende sind es immer noch die Fans, die darüber entscheiden, wie groß der Fußball wirklich sein darf.

Ich bin für dieses Buch durch ganz Deutschland gereist. Ich war am Filmset eines Roadmovies über das Ruhrgebiet und seine ganz besonderen Fußballfans. Ich habe mir von Stadionkartensammlern Abenteuer erzählen lassen, bin mit jungen Franken auf Auswärtsfahrt in die zweite tschechische Liga gegangen und habe einen Haufen Menschen dirigiert, der nicht die Spieler, sondern den Schiedsrichter anfeuerte. Ich habe mir in Hamburg, Frankfurt, München und Stuttgart von der großen Liebe erzählen lassen, wurde von einem ehemaligen Hooligan trainiert und wartete in Bremerhaven-Lehe auf ein Wunder im DFB-Pokal. Was auch immer mit diesem Buch passiert, die Begegnungen und Geschichten dieser Reisen kann mir niemand mehr nehmen. Die wunderbaren Menschen, die ich kennenlernen durfte, werde ich nie vergessen. Und am Ende war dieses Buch auch eine Selbsterkenntnis. Darüber, dass es doch das ist, was die Liebe zum Fußball für mich immer ausgemacht hat: dass er Menschen zusammenbringt, sie gemeinsam Abenteuer erleben lässt und das Leben schöner macht.

Ich hoffe, dass sich im Fußball bald etwas ändert. Dass wir nicht noch viele weitere Jahre ertragen müssen, dass der Fußball so zynisch und versaut geworden ist. Dass er sich so sehr von seinen Idealen entfernt hat.

Am Ende der einjährigen Arbeit saß ich mit dem Pressesprecher von ProFans, Sig Zelt, in einer Bar in Berlin-Friedrichshain. ProFans ist der größte Zusammenschluss von aktiven Fans in Deutschland. Sig glaubt, der Fußball ist nur noch zu retten, wenn er sich spaltet: in einen Fußballkosmos mit den besten und teuersten und geldgeilsten Spielern, Trainern, Managern und Beratern; und in einen, in dem die Werte dieses Spiels geachtet und geschützt werden, in dem der Fußball zwar weniger sportliches Talent vereint, aber ein besseres, weil ehrlicheres Spiel zeigt. Das fand ich schön und traurig zugleich. Eine romantische Idee in dieser unromantischen Gegenwart. Vielleicht ist das tatsächlich irgendwann einmal eine Idee. In Deutschland hat mein früherer Arbeitgeber 11FREUNDE im Herbst 2017 erstmals den »Tag der Amateure« gefeiert, Vorbild ist der in England bereits sehr populäre »Non League Day«. Fußball von ganz unten ganz oben. Es tut sich was.

Ich möchte mir den Fußball nicht nehmen lassen. Nie habe ich weniger Live-Fußball geschaut als im Jahr 2017. Nie saß ich seltener mit meinen Jungs zur Konferenz in der Kneipe. Nie habe ich weniger vom großen Fußball mitbekommen. Nie war mir die Champions League egaler. Ich überlege ernsthaft, die anstehende WM in Russland zu boykottieren, weil sie so schmutzig ist. Ich möchte wieder begeistert werden. Nicht vom zehnten Weltrekord von Cristiano Ronaldo, dem nächsten Kantersieg von Paris Saint-Germain oder Nahaufnahmen von Wladimir Putin mit dem Weltpokal. Sondern vom Spiel an sich. Möge dieses Buch seinen Teil dazu beitragen.

Walk on.

Alex Raack im Mai 2018

1. KAPITEL

BERLIN OLYMPIASTADION

In dem der Autor zu Beginn seiner Reise auf der Suche nach dem aktuellen Zustand der deutschen Fanseele erstmal wieder zu sich selbst finden muss. Natürlich bei einem Spiel seiner Mannschaft.

»Fick dich, du Werder-Fotze!«

So beginnt sie, meine Reise durch Fußballdeutschland. Mit einem gut gemeinten Ratschlag eines Berliner Jünglings, doch bitteschön Geschlechtsverkehr mit mir selbst zu betreiben. Mein neuer Freund hat offenbar Anstoß an meinem grün-weißen Schal genommen, der, aber das konnte der Wüterich im Vorbeigehen nicht erkennen, gar kein Schal von Werder Bremen ist, sondern von Red Star Paris, einem Klub, den ich im Sommer 2016 kennenlernen durfte. Weil aber heute, am 10. Dezember 2016, Spieltag ist und Hertha BSC gegen Werder Bremen spielt, steht alles in grün und weiß unter verschärfter Beobachtung.

Solche Beleidigungen sind nie nett, aber wo, wenn nicht beim Fußball, sollte man selbst einem herzhaften »Fick dich« mit angemessener Gelassenheit begegnen? Fußball sei kein Hallenhalma, meinte schon mein Jugendtrainer und wollte damit deutlich machen, dass dieser Sport eben auch mal rau, dreckig und assi sein kann. Und darf. Wobei das dem Hallenhalma nicht gerecht wird, gibt es diese Brettspieldisziplin doch gar nicht. Wer weiß, welch kerniger Ton dort herrschen würde.

Heute werde ich das nicht mehr in Erfahrung bringen, denn am Berliner Ostkreuz, jener nicht enden wollenden Verkehrsknotenbaustelle im Herzen von Friedrichshain, muss man einen klaren Kopf bewahren, will man nicht von hektischen Großstädtern in den Ketwurststand gerempelt werden. Ab in die knüppelvolle Bahn und ohne Zwischenhalt Richtung Olympiastadion.

Meine Schwester hat sich um Karten gekümmert. Ich wollte erst gar nicht. Weil das Olympiastadion von meiner Wohnung aus gesehen auf der anderen Seite der Stadt liegt. Weil das Berliner Dezemberwetter so einladend ist wie ein Ketwurstwettessen. Weil meine Mannschaft seit Jahren so miesen Fußball spielt. Weil … ich Weichei vermutlich besser beim Hallenhalma aufgehoben wäre. Nun stehe ich doch in der Bahn und trinke Rotwein aus der Flasche, weil mir der vom Bier begünstigte Harndrang schon immer so sehr auf den Sack ging. Besonders dann, wenn man eingekeilt mit vielen anderen Menschen Zeit in

Bussen, Bahnen oder Stadien verbringen muss. Das habe ich früher schon so gemacht, als ich noch nicht von meiner Schwester zum Fußball gucken überzeugt werden musste. Regelmäßig saß ich mit unserem Fanklub Subkultur Bremen in schlecht belüfteten Reisebussen, deren Toiletten bereits nach der ersten halben Stunde nicht mehr zu gebrauchen waren, weil massige Typen in Jeanswesten dort Dinge getan hatten, von denen ich hier nicht zu schreiben wage.

Rotwein also. Die heilsame Wirkung setzt bereits nach den ersten sechs Stationen ein und lässt mich darüber nachdenken, was ich eigentlich vom heutigen Abend erwarte. Werder Bremen galt einst als Spektakel. Es gab Jahre, da konnte die Mannschaft drei Gegentore kassieren und man verlor als Fan trotzdem nicht die Hoffnung, weil Werder dann eben vier Treffer erzielte. Aber das ist lange her. Seit einigen Spielzeiten kreucht mein Klub im unteren Tabellenviertel, hat die Kohle aus den goldenen Champions-League-Jahren offenbar längst verbraten und lässt deshalb Fußballer auflaufen, von denen ich nicht wüsste, welchen Namen ich mir aufs Trikot flocken lassen würde, wenn ich noch einmal zehn Jahre alt wäre. In solchen Momenten kommt in mir der Erfolgsfan durch und das wiederum gefällt mir gar nicht. Nein, ich erwarte mir nicht viel von diesem Spiel.

Am Stadion. Die S-Bahn-Station hustet die Fan-Klümpchen auf den Vorplatz, rechts von uns thront der riesige Berliner Betonkessel. Die Erinnerung daran, dass ich hier bereits dreimal meine Mannschaft im Pokalfinale erleben durfte, macht das Hier und Jetzt auch nicht besser. Ich brauche ganz dringend jemanden, der mir ein wenig Hoffnung gibt. Die Flasche Rotwein ist schon leer.

Dann erfahre ich, dass ausgerechnet der prominenteste Hoffnungsbringer von allen sich um uns kümmern wird: Gott himself. Unsere Stadionbegleiter aus Norddeutschland arbeiten in der Diakonie und wollen gerne dem Stadionpfarrer einen Besuch abstatten. Das Olympiastadion verfügt über eine eigene Kapelle, die sich tief im Bauch des Ungetüms befindet. Pfarrer Bernhard Felmberg hält hier an Spieltagen ehrenamtlich die Andacht. So etwas gibt es in Deutschland sonst nur in Frankfurt und Gelsenkirchen.

Ich bin nicht sehr gläubig, zumindest nicht aus klassisch-kirchlicher Perspektive. In einer Kirche war ich schon sehr lange nicht mehr. Und ganz sicher nicht eine Stunde vor Beginn eines Fußballspiels. Aber nun stehe ich gemeinsam mit meiner Schwester, unseren Bekannten und etwa dreißig weiteren Fans vor dem VIP-Eingang und warte darauf, von einem Mitarbeiter des Pfarrers abgeholt zu werden. Wir werden in den Innenraum des Stadions geführt. Längst sind nicht alle Plätze besetzt, aber der große Kessel zischt und köchelt schon ein wenig. Das ist definitiv einer meiner liebsten Momente bei Stadionbesuchen:

der Übergang raus aus den grauen Treppenaufgängen ins kunterbunte Irrenhaus. Unten der sattgrüne Rasen, ein einzigartiger Sound, zusammengemischt aus Tausenden von Stimmen und Geräuschen, ein erwartungsfroher Vibe, dessen Faszination man sich schwer entziehen kann. Wir werden bis fast ganz an die Rasenkante geführt und schwenken im letzten Moment nach links, wo uns das Stadion wieder zu verschlucken droht. Neben den Eingängen stehen die Sky-Experten um Lothar Matthäus und warten auf die nächste gut bezahlte Dampfplauderei. Ich singe Lothar Matthäus ein Lied und Christoph Metzelder hört mir kurz zu. Ob sich Lothar daran erinnern kann, wie ich ihm einst zum langen Interview in einem schicken Münchener Hotel gegenübersaß und er sich konsequent weigerte ein charmanter Gesprächspartner zu sein? Bestimmt nicht. Wir passieren die Fußballgötter und erreichen nach wenigen Stufen die kleine Kapelle.

Am Eingang greife ich mir eher aus Verlegenheit ein Buch. *Mit vollem Einsatz – Das Neue Testament mit Lebensberichten internationaler Spitzensportler* heißt es. »Das dürfen sie gerne behalten«, sagt mir eine der Mitarbeiterinnen und zwinkert mir verschwörerisch zu. Höflich bedanke ich mich. Wie soll man auch eine Bibel zurückweisen? Auf einer Doppelseite berichtet der ehemalige Bundesligatorhüter Dirk Heinen von seinem Weg zu Gott. »Eine besondere Liebesgeschichte« lautet der Titel. Und ich denke mir, dass dieses Credo ganz hervorragend zu dem passt, was ich in den kommenden Monaten für dieses Buch erleben möchte. Denn nichts anderes ist der Fußball doch. Eine kollektiv umschwärmte Geliebte, ein Herzensbrecher, mal in grün, rot oder blau gekleidet, aber immer mit derselben Masche erfolgreich. Während der kurzen Andacht denke ich über Dirk Heinen nach.

Welch skurriler Moment in meinem Leben als Fußballfan. Zu Beginn meiner Reise auf der Suche nach der deutschen Fankultur, meiner geplanten Erkundung der großen Liebe Fußball, sitze ich in einer Stadionkapelle und lausche Pfarrer Felmberg, der von Glauben, Hoffnung und Miteinander spricht. Ich muss an meinen klugen Vater denken, der zwar keine Ahnung von Fußball hat, aber einst mit mir darüber philosophierte, wie viel Religion Fußball ist und wie viel Fußball Religion. Und darüber, dass der Gang ins Stadion letztlich nichts anderes sei, als der Marsch in die Kirche. Wenn auch mit deutlich betrunkeneren Gemeindemitgliedern. Da ist schon was Wahres dran. Fußball ist in Deutschland so groß und mächtigwichtig, wie es die Kirche einmal war und gerne wieder wäre. Jetzt muss ich nur noch meinen Glauben an das Spiel wiederfinden.

Der hat in den vergangenen Jahren ganz schön gelitten. Das mag damit zu tun haben, dass ich mein Hobby zum Beruf machte und sieben Jahre lang als

Redakteur für das Magazin 11FREUNDE arbeitete. Die Sicht auf die große Liebe verändert sich naturgemäß, wenn sie einen professionellen Anstrich bekommt. Es liegt aber auch an der Entwicklung des großen Fußballs. Denn die ist katastrophal. Sportlich gesehen entwickelt sich das Spiel immer weiter, die Spieler sind schneller, fitter und technisch variabler als noch vor zwanzig Jahren. Aber das ganze Drumherum löst bei mir in steter Regelmäßigkeit Würgereflexe aus. Am liebsten würde ich das alles auskotzen, die vielen Transfermillionen, die großen Sponsorendeals, die Business Seats und Logen, die korrupten Funktionäre, die großen Turniere, die man eigentlich gar nicht mehr begleiten sollte, weil sie auf einem Fundament aus Dreck und Betrug stehen. Meine große Liebe Fußball wurde von Menschen, die nichts mehr lieben als Geld, ausgenutzt, ausgesaugt und ausgepresst. Und das so bedingungslos, dass ich mir inzwischen sehr sicher bin, dass die Blase irgendwann platzen wird. Geht die Entwicklung genauso weiter, wenden sich selbst die treusten Fans in naher oder ferner Zukunft angewidert und enttäuscht ab. Seit Jahren erfährt der unterklassige Fußball immer mehr Zuspruch und Interesse. Warum? Weil es da noch Spaß macht, sich einen Spaß aus der Sache zu machen.

Mit diesen Gedanken im Kopf, unterlegt von den Kirchengesängen, die mir noch im Ohr nachhallen und einen sehr merkwürdigen Soundtrack bilden, stiefele ich die Stufen nach oben, bis wir unsere Plätze erreicht haben. Beinahe direkt unter dem Dach, unter uns der grün-weiße Auswärtsanhang, noch weiter unten die furchtbar hässliche blaue Tartanbahn und schließlich das wunderschöne Grün des frisch gemähten Rollrasens. Das Spiel läuft schon, als ich innerlich noch immer wütend die Fäuste gegen den großen Ausverkauf und Verflachung des Spiels balle.

Dann geschieht etwas Unvorhergesehenes. Werder Bremen spielt mutigen, aufregenden, guten Fußball. Die Spieler gehen in die Zweikämpfe, wie man in Zweikämpfe gehen muss, zugleich besonnen und aggressiv. Die Pässe kommen an, irgendwo steht immer ein Bremer frei oder im Raum. Und Hertha tut mir den Gefallen und liefert das vielleicht schlechteste Heimspiel der bisherigen Saison ab. Ich bin wie ein Blume in der Wüste, die nach langer Zeit endlich vom Regen überrascht wird. Mit jeder Minute gehe ich weiter auf, bin ich im Spiel drin. Ich lasse mich überraschen. Und dann begeistern. Ich fühle wieder das, was das Fan-Dasein ausmacht: Stolz, Zuneigung, Euphorie. Nach einer guten Torchance brülle ich »Werder! Werder!«. Einfachster Kurvensingsang, aber Fußball ist angeblich ein einfaches Spiel, also sollten es die Sprechchöre auch sein. Und das Beste in diesem Fall: Der Rest der Kurve stimmt mit ein. Das ist in Zeiten, da jede größere Fankurve von Capos mit Megaphonen an der Kandare gehalten wird, schon eine Leistung.

Und lässt mich schwer herzklopfend und endorphin-durchschüttelt zurück, als stünde ich das erste Mal in einer Kurve. Einen Bruder im Geiste schräg vor mir motiviert das kurz darauf zu einem so oldschooligen Geschmetter, dass mir gedanklich sofort ein Voku-hila wächst. »Das war super, das war elegant!«, habe ich seit mindestens fünfzehn Jahren nicht mehr ge-hört. Und der Bremer Rest? Stimmt mit ein.

Kurz vor der Pause schießt Max Kruse das 1:0. Und als ich schließlich damit fertig bin, meine Neben-leute abzuklatschen, ist auch schon Halbzeit und die Mannschaften lassen mich mit dem wohligen Gefühl zurück, mein Team hier und heute zum Sieg zu brül-len. In einer perfekten Welt käme gleich Werders Prä-sident Marco Bode auf die Tribüne und wünscht mir mit einem kumpeligen Schulterschlag alles Gute für die zweite Hälfte.

Das passiert zwar nicht, aber meine Schwester reicht mir einen übergroßen Becher Bier und das ist fast genauso schön. In der Halbzeit schwärme ich ihr von Werders Spielweise vor, das ist seit Jahren nicht mehr passiert. Und das braucht doch der Fan, selbst jene, die seit Kleinkindtagen einem Klub die Daumen drücken, der den vierten Platz in der dritten Liga zum größten Erfolg der Vereinsgeschichte zählen muss. Ab und an eine Prise Begeisterung, ausgelöst durch einen starken Auftritt auf dem Rasen. Kleine Geschenke er-halten die Fanschaft.

Die zweite Halbzeit beginnt. Und meine Bremer machen genauso weiter wie in Hälfte eins. Das ruft – auch typisch für uns Kurvenliebhaber – Erinnerungen an goldene Zeiten wach. Für einen Moment vergesse ich, dass da unten Clemens Fritz oder Fin Bartels auf dem Platz ackern und denke an Johan Micoud, Aílton oder Dieter Eilts. Fans sind Schwärmer, Schwärmer sind Nostalgiker. Weil Nostalgie nun einmal schwärmerisch ist. Sie hat den unschlagbaren Vorteil, die Realität ein wenig nach eigenem Gusto abzuschleifen, sich Dinge schöner zu reden, als sie vielleicht waren. Obwohl das bei Erinnerungen an Johan Micoud gar nicht nötig ist. Hier und heute brauche ich mich allerdings gar nicht so intensiv in die Vergangenheit flüchten, auch wenn mit dem ewigen Claudio Pizarro eine Mensch gewordene Brücke zwischen früheren Bremer Glanzzeiten und der letztlich tristen Gegenwart des Gegners Hälfte unsicher macht. Denn die Mannschaft spielt rauschhaften Fußball, viele Dinge, die seit vielen Spielen oder gar Spielzeiten nicht mehr geklappt haben, glücken. Wenn die Dinge auf dem Rasen funktionieren, dann sieht Fußball wieder ganz einfach aus. Was natürlich ein trügerisches Bild ist, das weiß jeder, der selbst mal gegen den Ball getreten hat. Aber diese schlichte Harmonie von Fuß und Spielgerät ist genau das, was sich der Zuschauer auf der Tribüne wünscht.

Zwischendurch nehme ich eine Analyse der Kurve im Jahr 2016 vor. Ganz vorne die Ultras, eine Fankultur, der ich vorrangig mit Sympathie gegenüberstehe, die mich aber nie ganz gefesselt hat. Zu umständlich wäre es mir, mich das ganze Spiel über damit zu beschäftigen, meine Gruppe in einem optisch eindrucksvollen Licht darzustellen. Auch mit Dauergesängen konnte ich nie etwas anfangen, schon gar nicht mit der Idee, ein oder zwei Jungs mit Megaphon zu folgen. Ich will singen und schreien, wann und wenn ich will, ohne dass mir jemand sagt, welchen Song ich wann anzustimmen habe. Aber der Einsatz der Ultras beeindruckt mich, noch mehr ihre Rolle als umsichtige politische Wachhunde in der Kurve. Dass heute nur sporadisch irgendwelche Nazi-Arschgeigen den Fußball missbrauchen, liegt vor allem an den Ultras. Weiter über ihnen folgen die Mitklatscher und Mitsänger, Fans, die sich nicht ganz entscheiden können, ob sie nun das Ultra-Ding durchziehen wollen oder ganz einfach nur Fans sind. Und noch ein paar Meter weiter oben stehen Normalos wie ich es einer bin. Leute, die auch mal beleidigt den Mund halten, wenn die eigene Mannschaft schlecht spielt. Die manchmal erst wachgeküsst werden müssen von einem schönen Spielzug, einer harten Grätsche oder einem Schuss aus 25 Metern. Die sich vielleicht noch mehr als andere selbst auf dem Platz wiedererkennen, auch wenn sie zu schwer, zu alt, zu langsam und viel zu untalentiert sind, um in der Bundesliga auch nur dreißig Sekunden zu überstehen. Die aber schon dann erwartungsfroh aufschreien, wenn der defensive Mittelfeldmann einen Steilpass des Gegners abläuft und den nächsten Angriff einleitet, der fünfzehn Sekunden später zu einer Chance werden kann.

Ich beobachte für ein paar Minuten die Fans um mich herum. Sehr vielen scheint es heute so zu gehen wie mir. Positiv überrascht zu werden ist eine tiefe Sehnsucht aller Stadionbesucher. Und vielleicht eines der wenigen schönen Dinge, die man dem Umstand abgewinnen kann, dass die eigene Mannschaft zur grauen Maus geworden ist. Fans aus München oder Dortmund kommen ständig in den Genuss des Spektakels. Bremer, Hamburger oder Darmstädter deutlich weniger. Umso intensiver ist schließlich die Wirkung, wenn die eigene Mannschaft endlich wieder dafür sorgt.

Werder gewinnt tatsächlich mit 1:0 gegen Hertha. Verdientermaßen, was den Erfolg nur noch glorreicher erscheinen lässt. Dass solche Siege noch vor wenigen Jahren zum Standartrepertoire des Vereins gehörten, interessiert an diesem Abend niemanden. Die Feste feiern, wie sie fallen, darin sind Fans Spezialisten. Auf dem Weg nach Hause schaue ich in glückliche Gesichter aus Bremen, Hertha-Fans heben anerkennend und gratulierend die Augenbrauen, wie der große Bruder, dem man eben von der ersten Partyknutscherei berichtet hat. Für Berliner Verhältnisse eine ungeheuerliche Sympathiebekundung.

24

Am Ostkreuz ist der Ketwurststand noch immer in Betrieb. Niemand verabschiedet mich mit »Fick dich«. Das ist auch gar nicht mehr nötig. Ich bin längst sehr ausgiebig befriedigt worden.

Ein guter, ein wichtiger Start in diese große Reise durch Fußballdeutschland. Vor dem Spiel hätte ich nicht mit Sicherheit sagen können, ob die Leidenschaft noch da ist, ob ich mich von Bundesliga-Fußball im Jahr 2017 begeistern lassen kann. Aber sie ist noch da, selbst im gigantischen Betonkessel Olympiastadion schwappte die Energie vom Rasen auf die Tribünen und damit auf mich über. Mein Proviant für die kommenden Monate auf der Suche nach dem, was von der großen Liebe Fußball übrig geblieben ist.

2. KAPITEL

FRANKFURT

In dem der Autor in Frankfurt das Pokalfinale von Berlin verfolgt und mal wieder feststellt, wie sehr der Fußball als Fundament für die großen Freundschaften des Lebens geeignet ist.

Ich muss gestehen, dass ich seit vielen Jahren nur noch recht unregelmäßig ins Stadion gehe, um live Fußball zu gucken. Ich ärgere mich selbst darüber. Nicht unbedingt über verpasste Gelegenheiten, Bundesliga- oder gar Nationalmannschaftsfußball zu sehen, das reizt mich so gut wie gar nicht mehr (Kapitel 1 mal ausgenommen). Aber warum nicht häufiger zu Union in die selbstgezimmerte Alte Försterei? Oder in die Oberliga? Regionalliga? Kreisliga? Ich gelobe Besserung.

Fußball gucken ist nur in Ausnahmefällen die Betätigung eines Einzelnen. Dieses Hobby verbindet die Menschen. Auswärtsfahrten und Stadionbesuche können solo sehr einsam und sehr langweilig sein und das gilt auch für die Kneipe oder das heimische Wohnzimmer. Außerdem – und das ist gerade dann immer wichtiger, wenn Job oder Partnerschaft die Zeit mit den Kumpels verkürzt – ist Fußball ein wichtiger sozialer Kitt, in meinem Fall vielleicht sogar der wichtigste.

Meinen treusten Wegbegleiter und Leidensgenossen in Sachen Fußball gucken kenne ich seit 2004. Damals zog ich nach einem dürftigen Debütjahr als Student aus Göttingen nach Marburg und fand dort endlich das, was man wohl Studentenleben nennt. Marburg ist klein, aber äußerst sympathisch und verwinkelt und in diesen engen Gässchen der Stadt, festgeklebt unterhalb der Grundmauern des Schlosses, finden sich viele gute Möglichkeiten entspannt Fußball zu schauen. Mein neuer Kumpel und ich studierten gemeinsam Sport, aber vermutlich waren wir die einzigen Studenten dieses Fachs, die das nicht als zukünftige Pädagogen taten, sondern unter der Bezeichnung »Magister Nebenfach Sportwissenschaften«. Abgesehen von einigen wenigen unterhaltsamen theoretischen Seminaren und den praktischen Stunden war es stinklangweilig. Gemeinsam saßen wir in den letzten Reihen von Vorlesungen und Seminaren und warteten auf das Ende, das am Dienstag und Mittwoch Champions League als Wiedergutmachung für die verschwendete Lebenszeit versprach. Wir waren dermaßen heiß auf die vermeintliche Königsklasse, obwohl die schon zu diesen Zeiten ein einziger großer Geldklumpen war, aber vielleicht waren wir jung und naiv oder es war damals noch nicht ganz so schlimm wie heute.

Sei es drum, wir malten legendäre Mannschaften der Vergangenheit in unsere Blöcke (Uwe Bein neben Maradona!) und stachelten uns gegenseitig mit dem Singen der furchtbar schmantigen, aber irgendwie auch schönen Champions-League-Hymne an. Wenig später hockten wir bei Bier und hessischer Wurst in einer jener gemütlichen Kneipen, zusammen mit einer ausgewählten Freundesschar, die unsere Leidenschaft teilte und auf dem Weg in die Kneipe sicherlich auch das ein oder andere Mal besagte Hymne vor sich hin gepfiffen hatte. Werder spielte damals noch regelmäßig in der Champions League und wenn ein Tor fiel, musste ich Angst haben, von einem befreundeten Werderaner erdrückt zu werden. Er entwickelte im Rausch des Glücks ungeheure Kräfte.

Wir schauten damals wahnsinnig viel Fußball. Die Euphorie der WM 2006 war dafür nicht unbedingt nachteilig. Fußball war nicht der einzige Grund, aus dem wir uns trafen. Aber vielleicht ist Fußball der Grund, warum aus Bekannten gute Kumpels und aus guten Kumpels Freunde werden. Freundschaften, die ein Leben lang halten werden und denen Raum und Zeit nichts anhaben können.

Einige Jahre später wohnten wir wieder alle in einer Stadt, diesmal in Berlin. Natürlich trafen wir uns regelmäßig zum Fußball. Die Begeisterung für den großen Sport ließ im Laufe der Jahre zwar immer weiter nach, aber das störte die gemeinsamen Stunden in Kneipen und Wohnzimmern schon lange nicht mehr. Samstag um halb vier, wenn während des Berliner Sommers schöne Menschen Richtung Park oder Party flanierten, saßen wir trotzig-zufrieden in Kneipen, tranken Bier und fühlten uns geehrt, sobald die Bedienung unsere Namen kannte. Viele Stunden meiner Zwanziger habe ich genauso verbracht. Fußball war nicht mehr der Kitt, brauchte nicht mehr der Kitt zu sein, denn bei uns gab es längst keine undichten Stellen mehr. Fußball war ein wunderbarer Grund, sich zu treffen und gemeinsam Zeit zu verbringen.

Vor knapp einem Jahr änderte sich das innerhalb von wenigen Wochen. Mein Freund, von dem ich am Anfang dieses Kapitels sprach, wurde krank. Statt zu gesunden, wurde er immer kränker. Er musste weg aus Berlin und landete nach einiger Zeit in einem Krankenhaus in Frankfurt. Er ist seitdem nie wieder in Berlin gewesen. Bis in den Mai 2017 hinein hatten wir fast ein halbes Jahr lang kein Spiel mehr zusammen geschaut. Es waren schwere Monate. Ich besuchte ihn in Frankfurt, aber nicht so häufig, wie ich es gewollt hätte. Doch wir hielten viel Kontakt und ich versuchte, ihn mit Fotos und Videos an meinem Leben teilhaben zu lassen.

Die Zeit mit ihm vermisste ich sehr. Wir waren zuletzt zwar immer weniger Fußball gucken gegangen, weil uns der ganze Profifußball so ankotzte, aber die wenigen Male wurden so zelebriert wie alle anderen Male auch. Das ist von der Begrüßung über die ersten Gespräche bis hin zu unserer Chemie während des Spiels seit vielen Jahren gleich. Wir nehmen spezielle Rollen ein beim Fußball. Das war früher während unserer gemeinsamen aktiven Zeit in der ziemlich verrufenen Marburger Bunte-Liga-Truppe von Nottingham Toulouse schon so. Verrufen, weil ich vermutlich das größte Arschloch in dieser Freizeitliga war. Ich kann mich nur nachträglich dafür entschuldigen. Jedenfalls waren mein Kumpel und ich damals schon sehr verschieden drauf während eines Fußballspiels und auch in der Kneipe spürte ich den Unterschied. Diese gemeinsamen Stunden vor der Glotze, Räume voller Menschen mit Fernsehglanz auf dem Gesicht, Hälse gereckt, Kippen an, Gläser gefüllt. Mitfiebern, berieseln lassen, mal wieder die Jungs sehen. Mal wieder einen sitzen haben. Mal wieder die Mannschaft siegen sehen. Mal wieder rumschreien oder böse Witze reißen. Mal wieder ein bisschen assi sein. In solchen Stunden werden Freundschaften gegossen. Das hatte ich jetzt nicht mehr. Mit meinem kranken Freund brach auch die Regelmäßigkeit weg, die Samstagnachmittage war ich nur noch selten in Bars mit schönen Namen wie Lolly-Pub. Nie habe ich so wenig Fußball geguckt wie 2017.

Im Mai dann kam die Eintracht ins Pokalfinale. Ge-

gen Borussia Dortmund. Natürlich in Berlin. 25 000
Frankfurter in der Hauptstadt, nur einer nicht, was
wir alle immer noch nicht verstehen konnten. Also
fuhren wir nach Frankfurt. Zu dritt, acht Stunden in
einem alten Passat mit Kassettendeck. Eine großartige Fahrt. Und vor dem Krankenhaus wartete unser
Kumpel im Rollstuhl und nahm uns mit in einen Laden am Krankenhaus, dem Bosna Grill. Wir gingen
und rollten endlich wieder zum Fußball. Sofort war
sie wieder da, diese besondere Chemie. Die alten Rollen waren noch immer die aktuellen und jeder fühlte
sich bei Bier und Burger wie ein Fisch im Wasser. Der
Wirt, ein beständig gut gelaunter Mann vom Balkan,
zeigte das Endspiel auf einem Flachbildschirm. Wir
saßen unter großen Sonnenschirmen, um uns vor
Licht und Wärme zu schützen. Mit uns dort: zumeist
verwundete Frauen und Männer. In Rollstühlen, mit
gebrochenen und geschienten Knochen, blauen Augen und Infusionsständern. Ein Lazarett voller Fußballfans. Wir tranken Bier, schauten Fußball, aßen zu
viel Fleisch. Und dazu die Eintracht im Finale.

Aber es war nicht das Spiel, was jeden von uns so
begeisterte. Wir sind alle über dreißig, also hat jeder
vermutlich schon mindestens fünfzehn, vermutlich
zwanzig Pokalendspiele gesehen. Nie zeigte sich der
unglaubliche Abstand zwischen Fußballentscheidern
und Fußballfans so deutlich wie bei diesem Finale.
Helene Fischer sang, obwohl sie und diese ganze Mu-

siziererei überhaupt nicht zu einem Pokalendspiel passt. Genauso wenig wie die Eiskunstprinzessinnen a.D. im güldenen Kleid, die die Trophäe in den Mittelkreis schleppen dürfen. Den ganzen Mist braucht es nicht. Gefährlich ist, dass man sich gar nicht mehr richtig aufregt, wenn wieder irgendein Marketinggag oder Showelement eingebaut wird. Resignation bedeutet Desinteresse und Desinteresse bedeutet auf Dauer leere Stadien. Oder noch schlimmer: Stadien voller Langweiler.

Das Spiel war es also nicht. Auch wenn die Eintracht ganz gut mitspielte, hatte sie keine Chance. Außenseitersiege werden im Profifußball immer seltener. Wir freuten uns einfach, dass es uns gab und dass wir an diesem Tag an diesem Ort der Welt zusammensaßen. Dass die Sonne schien, dass das Bier kalt war und unser Freund noch am Leben war. Wie hätten wir das schöner zelebrieren können als mit einem Fußballspiel.

Erst einige Zeit nach dem Schlusspfiff verabschiedeten wir uns voneinander. Da rollte unser Kumpel zurück ins Krankenhaus und wir trollten durch den Park Richtung Unterkunft. Am Ende des Parks stand eine Holzbank, die von einer einzelnen Laterne angestrahlt wurde. Wir setzten uns und erzählten uns gegenseitig von diesem Tag. Und dachten an Fußball, und zu was er alles gut sein kann. Freundschaften fürs Leben zum Beispiel.

3. KAPITEL

BERLIN-KÖPENICK

*In dem der Autor in der Abseitsfalle Postkarten
von Stadien aus Venezuela und Herne kauft, und
von Sammlern erfährt, was ausgerechnet Betonschüsseln zu den Spielstätten der großen Träume
und Geschichten macht.*

In der Abseitsfalle wird Pils gefrühstückt. Es ist kurz
nach elf, an der Wand hängen Fotos, Trikots und
Schals von Union Berlin, hinter dem Tresen zapft
eine etwas übermüdet wirkende Thekenkraft und an
den Tischen sitzen Männer mit einem interessanten
Hobby. In dieser Fankneipe unweit der Alten Försterei findet Mitte Juni 2017 das Jubiläumstreffen der
Stadionansichtskartensammlervereinigung statt. Seit
25 Jahren gibt es diese Vereinigung mit dem wunderbaren Namen schon. Das wollte ich mir anschauen.
Jetzt erstmal ein schnelles Frühstück. Ein kleines Pils,
bitte!

Warum bin ich hier? Weil zum Fansein erstens
eine gute Portion Wahnsinn gehört und zweitens
die Überschneidung der Leidenschaften Fußball und

Sammeln nicht selten ist. Ich spreche da aus eigener Erfahrung. In meiner Wohnung steht eine (leere) Bierdose mit den Meisterspielern vom 1. FC Nürnberg anno 1967, ein Ferrari-Modell von der WM 1990, außerdem habe ich Geld für eine Karaffe ausgegeben, auf deren Verpackung das gezeichnete Portrait von Manni Kaltz Tipps für schmackhafte Alkoholbomben verkündet. Panini-Alben faszinieren auch heute noch Männer und Frauen verschiedenster Generationen. Es gibt Fans, die mehr Kohle für ihre Trikotsammlung ausgegeben haben als für den Familienvan. Fußball- oder Sportfan zu sein bedeutet auch immer, Vergangenes zu bewahren, zu erhalten, zu konservieren. Wir erinnern uns an Brehmes krummes Freistoßtor im Halbfinale 1990 gegen England. Das Entscheidungs- spiel zwischen Köln und Liverpool und die Münze im Matsch. Rickens Heber gegen Juve. Oder die Auf- stiegsfeier von Eintracht Trier. Solche Erinnerungen sind nicht bloß Ausflüge in die Vergangenheit, sie sind das Fundament von Fankulturen und Fanbio- grafien. Und wo fühlt sich der Fußballfan zu Hause? Im Stadion. Die lässt es leider schwer sammeln. Aber man kann es ja versuchen.

Groundhopper nennen sich Menschen, die vorran- gig deshalb Fußballspiele besuchen, weil sie das je- weilige Stadion sehen wollen. Manche führen Listen und haken selbst im hintersten Kirgisien Grounds ab. Andere machen davon Fotos, alles Liebesbeweise für zugewucherte Betonklötze oder multifunktionale Arenen, die ohne Fans und Fußball genau das wären: Betonklötze und Arenen. Auf Fans, besonders Fußballliebhaber, üben sie eine besondere Anziehungskraft aus. Stadien sind wie der Sport selbst: im Kern gleich, im Detail verschieden. Und im Zeitalter von immer moderneren Anlagen, die schon längst nicht mehr Sportplätze mit Tribünen sind, sondern Event-Allzweckwaffen, sind die Betonklötze der Vergangenheit dem Untergang geweiht. Viele Stätten von Glanz und Gloria, Orte der Erinnerungen an große Spiele und große Momente, sind bereits abgerissen, wurden ausgetauscht, hat man zu Parkplätzen plattgewalzt. Andere wurden der Natur überlassen, zwischen Moos und Bäumen verblassen da Stehtraversen und mit ihnen zwangsläufig auch die Vergangenheit. Ob den Herren in der Abseitsfalle jene große Verantwortung bewusst ist, die sie auf sich geladen haben?

Der Obersammler hier ist Michael Förster. Ein gemütlicher Hesse mit ein wenig Bauch, beim Fußball ernährt man sich nun mal nicht unbedingt vorbildlich und wer sammelt, der verharrt eher, als sich in Bewegung zu setzen. Michael ist älter als er aussieht, und eigentlich wollte ich den Mann mit der Che-Guevara-Mütze und der Mathe-Lehrer-Brille schon eineinhalb Wochen vorher in seiner Heimat treffen. In Gelnhausen, mitten in Deutschland, hatte Michael, Anhänger der Kickers Offenbach, zu einer Sammlerbörse geladen. Die zweitgrößte des Landes soll es gewesen sein und ich Ochse könnte mich schwarz ärgern, die Abreise nach Hessen aufgrund von zu viel Alkohol am Vorabend verpasst zu haben. Es gibt wenige Dinge, die mich glücklicher machen, als ein zufällig auf dem Flohmarkt entdeckter Schlüsselanhänger von der WM 1982. Und in Gelnhausen hätte ich eine ganze Turnhalle von solchen Dingen vorfinden können. Aber so lerne ich Michael eben in Berlin kennen und er begrüßt mich hinter vier Schubladen voller Postkarten, die vor ihm auf dem Tisch in der Abseitsfalle auf interessierte Finger und Augen warten. Es sind viele hundert Karten, und es sind nur die Doppelten. Zuhause in Gelnhausen hütet Michael, der auch anderen Kram sammelt, kauft und verkauft, mehr als 15 000 Karten von Stadien aus der ganzen Welt.

Eine Stunde nach dem geplanten Beginn der Veranstaltung sind etwa fünfzehn Sammler da, darunter tatsächlich zwei Damen. Als ich mich gerade darüber wundern und freuen möchte, dass auch Frauen dieser ausgefallenen Leidenschaft nachgehen, entpuppen sie sich als treue Begleiterinnen von hoffnungslos bekloppten Männern. Die ältere der beiden ist die bessere Hälfte eines Mannes, den wir hier einfach Hans nennen wollen. Hans und Anita kommen aus Salzgitter und sind heute Morgen nach dem Frühstück in ihr Auto gestiegen und mit Hans' Doppelten nach Köpenick gefahren. Als die beiden die Abseitsfalle betreten, werden sie mit großem Hallo empfangen. Anita umarmt jeden einzelnen Sammler und setzt sich dann in eine einsame Ecke, um mit Schnitzel, Pommes und Tageszeitungen die Zeit totzuschlagen. Sie könnte auch mit Hans durch die Gärten der Welt spazieren, einen Bummel durch Hannover machen oder am Steinhuder Meer die Füße ins Wasser halten, aber sie ist hier. Das muss Liebe sein. Hans hat nach fünf Minuten vergessen, dass Anita in der Ecke sitzt und an ihrem Alster nippt, er ist längst irgendwo zwischen Hampden Park und Estádio Nacional.

Ziemlich zentral hat ein Mann seine Karten auf den Tisch gelegt, den sie hier vermutlich am ehesten in die erste Reihe stellen würden, wenn es in eine Hauerei gegen die, sagen wir, Wimpelsammlervereinigung ginge. Was natürlich nicht passiert. Aber Frank hat eben diese breiten Schultern und dicken Arme, die ihm einen leichten Bud-Spencer-Anstrich geben und für eine gewisse körperliche Autorität sorgen. Und tatsächlich erzählt Frank, kurz nachdem ich mich vorgestellt und als Werder-Fan geoutet habe, von einer der berühmtesten und traurigsten aller Fußballschlägereien. 1982 gingen beim Derby zwischen Hamburg und Werder die Lager beider Seiten so heftig aufeinander los, dass am Ende ein junger Mann im Gebüsch des Volksparks gefunden wurde, von einem Stein tödlich am Kopf getroffen. Es war Adrian Maleika, ein achtzehnjähriger Bremer, der gar nicht so wild drauf gewesen sein soll, aber wie es oft ist mit den kleinen und großen Katastrophen: Es trifft meistens die Falschen. Frank kommt aus Delmenhorst, eigentlich Werder-Land, wurde aber HSV-Fan und stand nur wenige Meter von Maleika entfernt, als dieser tödlich getroffen zusammensackte. Irgendein Frank feindlich gesinnter Delmenhorster verbreitete das böse Gerücht, dass Frank Maleika umgebracht haben sollte und für diese Falschmeldung kassierte Frank ordentlich Prügel. In seiner Stammkneipe schlugen ihn Werder-Hools in der Pissrinne zusammen. Noch ein Grund mehr für Frank, sein Herz an den großen Konkurrenten aus Hamburg zu verlieren. Das ist viele Jahre her und wie er so dasitzt an seinem Tisch, in drei Gespräche gleichzeitig verwickelt, ausgestattet mit diesem herrlichen Kneipen-Selbstbewusstsein jahrelang erprobter Kurvenkerle, kann man sich wirklich nicht vorstellen, wie irgendjemand eine Chance hätte, Frank in eine Pissrinne zu treten. Am Ende wird er mir ein paar Karten für einen guten Preis verkaufen, selbst für einen Werder-Fan.

Jeder hier hat seine Geschichte, jeder hier ist ein besonderer Charakter. Solche Typen findet man vielleicht nicht auf dem nächsten Open-Air großstädtischer Beachklubs und viele von ihnen kann man sehr schnell in eine Schublade stecken, auf der wahlweise »Nerd« oder »Loser« steht. Aber wer das tut, hat das Leben nicht verstanden. Das Geheimnis einer funktionierenden Gesellschaft ist doch die Tatsache, dass jeder seine Nische findet. Manche ziehen sich am Wochenende Unterhosen aus Latex an, verlängern die Nächte mit Drogen und Musik, andere streifen durch die Wälder, um Vögel zu fotografieren und wieder andere sitzen eben an einem Samstagvormittag in einer Fußballkneipe im Osten Berlins und sprechen über Stadien. Denn sie sind nicht bloß Sammler, die meisten von ihnen sind auch Groundhopper und haben mehr Länder und Städte bereist als jeder Open-Air-Besucher. Nur gehen sie nicht auf Backpacker-Tour oder versuchen heimische Mädchen flachzulegen, sondern zu Fußballspielen, weil sie in diesen Ländern eben noch kein Fußball geschaut haben, und weil das wieder ein neues Abenteuer bedeutet. Wenn Fußball der Spiegel der Gesellschaft ist, dann sind Stadien ihre Prismen. Man lernt vermutlich mehr über Polen, Tunesien oder Uruguay, wenn man dort zu einem Fußballspiel geht, als auf ausgelatschten Touristenwegen zu wandern.

Richard hat mehr Fotos als Postkarten in seinem Sortiment. Auf den Bildern des Hobbyfotografen sieht man leere Tribünen, leere Plätze, leere Ränge. Das hat zwar auch einen ästhetischen Reiz, beweist aber wieder einmal, wie trist Stadien wirken, wenn keine Stadionbesucher da sind. Wie das Wohnzimmer eines Pendlers, der nur alle zwei Wochen nach Hause kommt. Schade, dass den Mächtigen dieses

Sports dieser Fakt vor lauter Besucherrekorden und neuen Super-Einschaltquoten entfallen ist. Anders ist nicht zu verstehen, wie sie aus Fans Kunden gemacht haben beziehungsweise Fans zu Kunden werden ließen.

Richard ist kein Kunde, er ist einer dieser Wahnsinnigen, die den Wahnsinn auf sich nehmen, von dem wir anderen dann in mehrfacher Hinsicht profitieren: Wir können über seinen Lifestyle jubeln oder spotten, und wenn wir wollen, ihm für einen Euro pro Foto Aufnahmen vom Waldau-Stadion abkaufen. Kostenfrei sind die Anekdoten zum Bild, zum Beispiel wie er sich in Osnabrück erst mit dem Platzwart anfreunden musste, ehe er aufs Gelände durfte. Oder die regelmäßige Nachsicht von Ordnern, die offenbar bundesweit ein Herz für Hopper haben und auf gesperrten Anlagen zumindest ein paar schnelle Fotos erlauben.

Ich kaufe eine Postkarte vom Stadion meiner Heimatstadt Celle, natürlich eine alte Aufnahme vom Weserstadion und für meine Jungs Karten aus Frankfurt und Bielefeld. Stadien, die ich bereits besucht habe und auf den Karten wiederentdecke, wecken Erinnerungen an umständliche Auswärtsfahrten, verflucht steile Stehtraversen, Bierduschen und in der Socke reingeschmuggeltes Rauchpulver. Wirklich faszinierend sind allerdings die Karten aus den für mich exotischen Winkeln dieser Erde – aus Provinzstadien in Venezuela, von Sportplätzen in Vietnam oder Betonschüsseln in Sambia. Diese Stadien wirken nicht anders als Aufnahmen von langen Sandstränden oder aufregenden Bauwerken. Man wäre jetzt gerne da. Zumindest kurz, für die Länge eines halben Liters Bier oder einer Halbzeit. Einfach in Sambia oder Vietnam Fußball gucken. Die Welt erobern. Oder wenigstens bereisen.

Und das sind sie, die hier in der Abseitsfalle sitzen und auf weitere Mitglieder oder Interessierte warten: irgendwie alle Romantiker. Früher war vielleicht nicht alles besser, aber die Stadien hatten mehr Charme. Wie auch die Fußballer und der Fußball, der darin gespielt wurde. Dafür musste man in Löcher pissen und aufpassen, sich nicht den Schal klauen zu lassen. Aber macht nicht gerade diese latente Gefahr den Reiz des Abenteuers aus? Wenn man will, kann man mit dem Rucksack auf dem Rücken die ganze Welt bereisen, ohne jemals den touristischen Trampelpfad verlassen zu haben. So ist es heute mit den Stadien und Arenen dieser Welt. Sie sind so modern, sauber, sicher und gleich, dass ein Besuch nur wenig Nervenkitzel verspricht. Jedenfalls für die, die schon mal beim Fußball waren.

Später geht es für die Stadionsammlervereinigungsmitglieder noch in die Alte Försterei, der Heimat von Union Berlin. Hier haben vor einigen Jahren Fans tatkräftig mitgeholfen, das Stadion umzubauen. Man sah glückliche Köpenicker in Blaumann, im

Stolze ihres Angesichts Schubkarren schieben, Beton formen und Bier trinken. Die Aktion hat dem klammen Klub Geld gespart und viele neue Fans und Sympathisanten gebracht. Und die, die damals malochten, fühlen sich heute, da sie auf Stufen stehen, die sie selbst errichtet haben, noch wohler. Es ist ein Pflichtbesuch für die Stadionsammler, die sich eine kleine Führung dazu gebucht haben. Fußballtourismus für Fortgeschrittene.

Heute Abend werden sie alle wieder nach Hause fahren. Der Delmenhorster plant seinen Stadionbesuch Nummer 1001, Hans und Anita müssen wieder nach Salzgitter, und dort ist Hans erstmal mit dem Sortieren seiner Neuen beschäftigt, während Anita vermutlich Kartoffeln aufsetzt. Und Michael Förster ist zwar nicht in Montevideo oder im San Siro, aber in Gelnhausen wartet sein Schatz auf ihn und wenn das Herz mal wieder nach der Ferne rufen sollte, braucht er nur mit den Fingerkuppen über die Kartenkanten zu klettern und ab und an ein Stadion hervorziehen. In Gedanken trinkt er dann Bier in der Straßenbahn Richtung Millerntor oder feilscht mit Einheimischen um eine Schwarzmarktkarte für das Derby in Warschau. Stadionansichtskartensammler sammeln ja nicht nur Stadionansichtskarten. Sondern auch Erinnerungen.

4. KAPITEL

WEIMAR

In dem der Autor in Weimar einen früheren Hooligan trifft, der heute andere Fußballhauer im Kung-Fu unterrichtet, damit auch sie ihren inneren Frieden finden.

Steffen kenne ich schon eine ganze Weile. Als ich 2013 für einen Artikel über Bundesligafans hinter dem Eisernen Vorhang recherchierte, verließ ich mich, wie so oft beim Thema Ost-Fußball, auf den Berliner Kollegen Frank Willmann, der Journalist, Autor und Fan von Carl Zeiss Jena ist. Der kannte Steffen, denn Steffen kannten viele aus der Szene. Ich telefonierte mit Steffen und er erzählte mir seine Geschichte: In Weimar geboren, die Eltern Arbeiter, der Vater ruinierte sich in den Mühlen des realsozialistischen Paradieses die Gesundheit, der Sohn wuchs mit Wut gegen das System auf. Steffen wurde heißblütiger Fan von Carl Zeiss Jena und Borussia Mönchengladbach. Gladbach-Fan sein war in der DDR verboten und machte es für junge Wilde nur noch reizvoller, sich auch für Bremen, Frankfurt oder Bielefeld zu begeistern.

Steffen fing in der Hitze seiner Zeit als Eingesperrter in der Zone Feuer, seine Wut wurde zu Hass und der loderte bald so stark auf, dass Steffen irgendetwas machen musste. Er soff wie ein Schwein und prügelte sich wie ein Knecht. Ein Leben als junger Hool im Osten der Achtzigerjahre. Motorradrocker zu sein wäre in dieser Zeit vermutlich weniger gefährlich gewesen. Steffen brach Knochen, ließ sich Knochen brechen und einmal trat er einem Gegner so brutal gegen den Schädel, dass er bis heute nicht weiß, ob der Mann bleibende Schäden davongetragen hat oder noch am Leben ist. Im Interview sagte Steffen damals: »Ich hatte einen solchen Hass auf die DDR, den musste ich irgendwie loswerden.«

Nach der Wende wurde Steffen Allesfahrer von Borussia Mönchengladbach und prügelte sich durch Deutschland und Europa. Er kokste und zwar immer am Anschlag. Techno schwappte durch Deutschland und Steffen wurde vom Bass davongesogen. Fußball, Alkohol, Drogen, Party und Gewalt. So ein Leben kann nicht lange gut gehen. Steffen schaffte den Absprung und seine persönliche Wende. Ein weiteres Kapitel dieser Verwandlung ist mein Besuch bei ihm in Weimar, vier Jahre nach unserem Telefonat. Damals hatten wir nur am Rande über seine jüngere Vergangenheit gesprochen, heute will ich mehr erfahren. Er ist jetzt Kung-Fu-Trainer. Vorrangig in seinem Kundenkreis: Gewalttäter Sport. Und später werde

ich bei ihm und seinen Jungs eine Übungseinheit absolvieren.

Steffen ist etwas kleiner, als sein wuchtiger Kopf
auf den Fotos vermuten lässt. Er wirkt stämmig, aber
nicht langsam. Der Mann hat seine Mitte gefunden
und die scheint ihm Stabilität zu geben. Wie eine Boje
im Meer. Kopf immer oben. Er zeigt mir seine Stadt.
Goethes Wohnhaus. Schillers Wohnhaus. Die Innen-
stadt. Schön hier. Wir setzen uns vor ein Eiscafé und
die Luft schmeckt nach Joghurtbecher und Schoko-
lade mit Stückchen. Er erzählt die letzten Kapitel seiner Geschichte.

Als das Millennium überstanden ist und die Welt
sich wider Erwarten weiterdreht, ist Steffen noch
immer ein kokainsüchtiger Hooligan und Techno-
Jünger. Irgendwann nach der Jahrtausendwende ist
er zwar nicht mehr eingesperrt, aber trotzdem nicht
frei. Weil sein Geist so vernebelt ist, muss sein Körper reagieren. Er wird immer schlapper, kränker, eines
Morgens fehlt ihm die Kraft, aus dem Bett zu steigen.
Steffen geht zu Medizinern und Heilpraktikern und
stellt schließlich fest, dass selbst Akupunktur nicht
helfen wird, weiterzuleben. Sondern einzig der Ver-
zicht auf die Drogen.

»Ich war völlig ausgebrannt«, sagt er und bestellt
sich noch etwas zu trinken, »ich schaute in den Spiegel
und fragte mich selbst: ›Was soll das alles?‹« Er beendet seine Karriere so stilecht wie ein verdienstvoller

Fußballer, der nach über vierhundert Bundesliga-spielen ein Abschiedsspiel bekommt und dazu seine Kumpels einladen darf. Auch Steffen wählt sich so ein Abschiedsspiel und es ist natürlich nicht irgendein Spiel, sondern ein ganz Besonderes. Am 34. Spieltag der Zweitligasaison empfängt die Borussia Chemnitz zum Lebewohl aus der Zweitklassigkeit. Zwei Jahre zuvor war Mönchengladbach abgestiegen, eine Ka-tastrophe, und an jenem Sonntag im Mai 2001 wird der Aufstieg mit einem 3:0-Sieg perfekt gemacht. Die Fans sind wie im Rausch, Steffen ist es wirklich. Sein Dealer hat ihm die Abschiedsnase Koks spendiert, er verliert einen treuen Kunden. Dazu »Tanztabletten«, die er mit Whisky runterspült. Nach dem Spiel feiert der Bökelberg Trainer Hans Meyer, Steffen ist längst in einer Welt, die Hans Meyer vermutlich noch nie ken-nengelernt hat. Als Steffen einen Tag später wieder zu sich kommt, entscheidet er sich, von nun an clean zu bleiben. Und ist das bis zum heutigen Tag geblieben.

Aber die Drogen sind nur eine Figur in diesem Dra-menstück. Mit auf Steffens Lebensbühne stehen Ge-walt, Unzufriedenheit und die Sehnsucht nach ein bisschen Frieden. Wie die meisten seiner Mitstreiter zieht ihn das Adrenalin in die nächste Auseinander-setzung, die nächste Schlägerei, das nächste Hase-und-Igel-Spiel der Fußball-Hooligans. Er versucht es mit verschiedenen Kampfsportarten, will seine Wut in Sandsäcke prügeln, aber das geht nicht ohne Weiteres. Über einen Bekannten lernt er Kung-Fu kennen und vertieft sich in diese jahrtausendealte Kunst der Shaolin. Kung-Fu ist nicht nur Treten und Schlagen mit dem Körper, Kung-Fu ist auch trainieren mit dem Geist. Ausgerechnet auf der Kölner Domplatte findet Steffen die für ihn ideale Ergänzung zum Kampfsport. Ein Mönch bietet dort eine Unterrichtseinheit Falun Gong, eine besonders in China beliebte Form der Meditation, an. In der Meditation, der Geschichte und Kultur von Falun Gong wird Steffen in den kommenden Jahren Antworten auf viele Fragen finden. Noch vor zwanzig Jahren bestimmten Gewalt und Drogen seinen Rhythmus. Heute darf er als Falun-Gong-Lehrer selbst Unterricht anbieten.

Steffen hat einen Falun-Gong-Flyer dabei. Wie er für Jena oder Gladbach brannte, brennt er jetzt für diese Idee von der Existenz. Die drei Kernthemen – Ehrlichkeit, Toleranz, Gutherzigkeit – sind so anders als die Werte, die ihm im Staatsknast DDR, der Kurve oder im Klub vermittelt wurden. Vielleicht müssen Jungs wie er einfach für etwas brennen, damit sie sich lebendig fühlen. Ehrlich, tolerant und gutherzig will er heute auch zu sich selbst sein. Weil er sich früher scheißegal war, schnupfte er sich Koks in den Körper und dachte nicht an die Konseqenzen. Dieses Leben hat er hinter sich gelassen. Körper und Geist haben wesentlich bessere Alternativen gefunden.

Wie viele, die eine große persönliche Umwälzung

49

erfolgreich bewerkstelligten, will er sein Wissen weitergeben. Er macht Trainerscheine, um Kung-Fu und Selbstverteidigung unterrichten zu können, und landet dann als Sozialarbeiter an einer Kölner Hauptschule, »sechshundert Schüler, zwei Deutsche«, sagt Steffen. Sozialer Brennpunkt. Steffen hat früher selbst gerne gezündelt, jetzt betätigt er sich als Feuerwehrmann. Er trainiert mit den Kindern Kung-Fu oder spielt mit ihnen Flag-Football. Er redet mit ihnen und versteht ihre Sprache. Menschen spüren, wenn sie einen von ihnen vor sich sitzen haben. Über das Fanprojekt von Mönchengladbach, für das Steffen schon seit Jahren arbeitet, organisiert er Tickets für Spiele und lädt seine Schützlinge ins Stadion ein. Als einer seiner Jungs in zerrissenen Jogginghosen auftaucht, besorgt Steffen ihm neue Klamotten. Und als seine Schule einmal den Fehler macht, Steffen nicht mit auf einen Ausflug zu nehmen, verursachen Schüler im Freilichtmuseum Kommern einen Schaden von 80 000 Euro. 2010 gründet Steffen den Verein Halbstark e.V. und unterrichtet heute nicht nur Schulkinder, sondern auch ausgewachsene Männer, die sich wie er früher in dem Mix aus Drogen und Gewalt verloren haben. Er erzählt von einem Training mit fünfzehn Jungs aus der Hooligan- und gewaltbereiten Ultraszene, die er so energisch um den Borussia-Park scheuchte und dann trainierte, dass sie am nächsten Tag beim Heimspiel handzahm blieben. Und seit kurzem ist er wieder in Weimar. Vielleicht hat er hier noch etwas gutzumachen.

Einer seiner Schützlinge stößt zu uns. Dennis, einundvierig Jahre alt, stammt aus Weimar, kommt aus dem Knast. Wegen diverser Körperverletzungen saß er bereits zehn Jahre im Gefängnis, zuletzt sechs Jahre am Stück. Wegen Vergehen, »die das Fußballleben so mit sich bringen«, sagt Dennis. Offenes Gesicht, sympathischer Typ, stark tätowiert, einer dieser athletischen Bauchtaschen-Kurvenkerle. Als die Welt sich 1989/90 veränderte und Dennis' Heimat ganz besonders, war er vierzehn und lief schon mit den harten Jungs von Carl Zeiss. Seine große Schwester hatte ihn in die Szene gebracht, sie selbst war mit einem stadtbekannten Hooligan zusammen.

Jeder Junge baut Scheiße, aber Dennis übertrieb. Heute sagt er: »Ich war ein Wende-Jugendlicher, ich wusste nicht, wohin mit mir. Beim Fußball gab es Zusammenhalt und Adrenalin. Das war eine verlockende Mischung damals.« Also prügelte er sich durch die ersten gesamtdeutschen Jahre, wurde da festgenommen und dort auf Bewährung verurteilt. Zwischen Rippenbrüchen, zerhauenen Jochbeinen und kaputt geschlagenen Nasen fragte er sich manchmal, ob solch ein Leben wirklich Sinn macht. Dennis ist intelligent, das bemerkt man nach wenigen Sätzen. Damals dachte er zwar nach, änderte aber nichts. Irgendwann flogen morgens um sechs Uhr in der Früh die Türen auf, Polizei. Sie sperrten ihn ein. Für lange Zeit. Dann noch einmal. Und jetzt ist Dennis wieder frei und fühlt sich auch so. Er wird die Dummheiten der Vergangenheit nicht wiederholen.

In der Sommerwärme von Weimar, mitten in der Fußgängerzone, erzählt Dennis davon, wie er im Gefängnis zum Sprecher der Häftlinge gewählt wurde und einen achtzehn Mann starken Hungerstreik provozierte, um gegen die fehlenden Resozialisierungsmaßnahmen zu protestieren. Nach zehn Tagen gewährte man ihm und den beiden anderen, die es so lange ausgehalten hatten, den offenen Vollzug. Und er las. Irgendwann auch die Biografie von Steffen: *Kulturstadtbanause*. Er erkannte sich wieder, erinnerte sich an die alten Geschichten und versuchte, Steffen zu einer Lesung ins Gefängnis einzuladen. Ohne Erfolg. »Als ich wieder raus war«, sagt Dennis, »fuhr ich erstmal mit meiner Frau für vier Wochen nach Thailand. Danach nahm ich Kontakt zu Steffen auf.«

Bei der Arbeit mit dem alten Bekannten aus der Kurve lernte Dennis Kung-Fu, Falun Gong, aber vor allem, seinen eigenen Schweinehund zu überwinden und den Schweinehund zum Schweigen zu bekommen, um in die Meditation zu gleiten. Ein gesunder Geist in einem gesunden Körper. Beim Sport powert er sich aus, beim Falun Gong findet er zur Ruhe. Früher musste er sich in Schlangen an der Supermarktkasse zusammenreißen, um keine Panikattacke zu bekommen. Heute fühlt er sich mehr im Einklang mit sich selbst und der Umwelt. Die, so sagt Dennis, nehme er inzwischen viel mehr wahr. Dann erzählt er, dass er neulich einem alten blinden Mann in Erfurt half, den richtigen Zug zu finden und ihm zum Abschied noch eine Cola kaufte. Früher hat er Erfurtern die Augen blau geschlagen.

Vermisst er etwas? Schon. Sich treiben zu lassen, einfach den Kopf abzuschalten, die tausend Gedanken, Sorgen, Nöte, Verpflichtungen zu vergessen, besoffen und high zu werden und Teil der wogenden Masse auf den Traversen zu sein. Die voll besetzte und in Euphorie, Anspannung oder Raserei verwandelte Fankurve ist in ihrer Einzigartigkeit mit nichts auf der Welt zu vergleichen. Das kann süchtig machen. Dennis geht immer noch zum Fußball. Aber er meidet die Reizpunkte und sucht sich andere, die weniger wehtun. Er geht gerne zu den Spielen von Lazio Rom, da kennt man ihn. Es sind jetzt Andere, Jüngere, die Scheiße bauen. Er fasst das mit dem schönen Satz zusammen: »Es wollen doch alle immer Helden sein.« Auch dank Steffens Training hat er gelernt: Das muss man nicht immer sein. Mit sich selbst im Reinen zu sein ist viel wichtiger.

Gemeinsam fahren wir zur Trainingshalle, in der zwei weitere Jungs warten. Es ist ein kleiner unscheinbarer Raum in einem kleinen unscheinbaren Gebäude. Die Decken hängen tief, Spiegel an den

Wänden. Ich bin eingeladen, mitzumachen, also mache ich mit. Wir laufen, springen und schlagen uns warm. Absolvieren zusammen eine Übung aus dem Falun Gong. Dann geht es ans Eingemachte. Im Wechsel proben wir Schlagübungen und werfen uns Medizinbälle zu. Bei den Schlagübungen treffen Unterarmknochen auf Unterarmknochen. Wer das nicht gewöhnt ist, muss sehr einprägsame Schmerzen aushalten und damit rechnen, dass anschließend der halbe Arm blau ist. Der Schweinehund grunzt und bellt, wird aber doch überwunden. Meditation zum Abschluss. Und wir verlassen den kleinen unscheinbaren Raum als friedliche Männer.

Abends beim Essen erzählt Steffen von den Erfolgen seiner Arbeit. Er ist sehr stolz darauf, er definiert sich über sie. Wer will ihm diese minimale Form von Narzissmus verübeln? Er tat so lange Schlechtes oder Dummes, jetzt tut er Gutes. Aus dem von der Stasi verfolgten Fan und Hooligan ist ein Trainer geworden, der mit seinem Angebot wütenden Fußballfans die Wut nehmen möchte. Welch eine Entwicklung.

5. KAPITEL

HAMBURG

In dem der Autor mit zwei echten Experten und echten Rivalen einen Streifzug durch die Vergangenheit unternimmt, dort Uwe Seeler und Franz Beckenbauer trifft und am Ende endlich weiß, warum Tradition verpflichtet.

Als ich in der dritten Klasse war, kam eines Tages eine Frau von der Stadtbibliothek und kippte einen Haufen Bücher auf unsere Tische. Jeder durfte sich ein Buch aussuchen. Ich fand im Haufen ein Buch, auf dem ein Mann mit wenig Haar in akrobatisch-verbissener Bewegung versucht, einen Fußball zu treten. Weil ich selber Fußball spielte, gefiel mir dieses Foto. Aber kurz bevor ich zugreifen konnte, hatte sich Hans-Peter schon das Buch geschnappt. Hans-Peters Vater war Jäger, sie hatten einen Zwinger mit einem vermutlich bissigen Hund, außerdem war Hans-Peter einige Zentimeter größer und breiter als ich. All das verlieh ihm eine gewisse Autorität. Obwohl er wahrscheinlich nie einer Fliege etwas zuleide getan hat. Doch Hans-Peter verlor nach schneller Begutachtung das Interesse und machte sich auf die Suche nach einem anderen Buch. Der verbissene Akrobat war meiner. *Uwe Seeler – Alle meine Tore* heißt dieses Buch, und dieser Biografie des Größten aller Hamburger Helden verdanke ich einen Großteil meiner Faszination für diesen Sport.

Ich wurde ein richtiger Fanboy von Uwe Seeler, und es war mir vollkommen egal, dass Uwe seine Karriere zehn Jahre vor meiner Geburt beendet hatte. Ich las seine Biografie, die von 1965 ist und damit viele glorreiche Momente seiner Karriere gar nicht beinhaltet, bestimmt zwanzigmal und eines Tages sah ich ihn, den Superstar a.D., dann sogar live. Mein lieber Vater hat zwar mit Fußball nichts am Hut, aber er kennt und schätzt Uwe Seeler. Für diese Bewunderung braucht es gar keine Begeisterung für das Spiel, einen überregional so beliebten Fußballer hat es in Deutschland nie wieder gegeben. Mein Vater fuhr also mit mir nach Meißendorf, einem Kaff im Celler Landkreis, weil dort die Uwe-Seeler-Traditionsmannschaft gegen eine regionale Auswahl spielte. Wir standen am Spielfeldrand, Uwe ging bereits auf die sechzig zu, trug weißen Haarkranz, Bauch und lief etwas unrund. Von außen betrachtet wäre es vermutlich realistischer gewesen, wenn er den anwesenden Kindern Werthers Echte zugesteckt hätte, statt Tore zu schießen, aber in diesem kleinen runden alten Mann steckte erstaunlich viel Energie. Er hatte immer noch einen anständigen

Antritt und wie man einen Ball behandelt, das vergisst so ein Mann ja nicht. Nach dem Spiel ergatterte ich Autogramme von pensionierten Torhütern und Abwehrspielern, nur an Uwe kam ich nicht ran. Mein Vater und ich warteten eine Stunde vor der Meißendorfer Turnhalle im Nieselregen, bis Uwe tatsächlich aus dem Kabinentrakt kam. Er kritzelte mir ein Autogramm in mein Buch und zog die Augenbrauen hoch, als er das alte Exemplar sah. Ich war im siebten Himmel. Viele Jahre später durfte ich Uwe für ein längeres 11FREUNDE-Interview treffen und brachte erneut mein Buch mit. Die Zuneigung war ungebrochen.

Warum erzähle ich das alles? Weil Uwe Seeler HSV und HSV Uwe Seeler ist. Ich aber wurde Fan von Werder Bremen und wenn man Fan von Werder ist, sollte man den HSV verabscheuen. Feindschaften zwischen Fußballvereinen sind sonderbar, manchmal historisch begründet, aber vielleicht auch ein wichtiges Element unserer Gesellschaft. Regionale Feindschaften gehören zur Geschichte der Menschheit und wenn wir schon die Nachbarn aus Essen nicht zu einem Duell mit Schild und Lanze auffordern können, dann hassen wir wenigstens ihren Fußballverein. Das kann schnell unschön werden und ich will nicht bestreiten, dass auch ich hässlich war, wenn wir gegen Hamburg spielten, obwohl ich doch den HSV wegen Uwe recht sympathisch fand. Aber diese Duelle waren im Stadion so aufgeladen, dass

selbst die friedlichsten Menschen wüste Beschimp-
fungen ausstießen. Einer der ekligsten Gesänge war
»HIV! HIV!« statt dem üblichen »HSV« und zumindest schämte ich mich anschließend immer ein wenig
dafür. Bremer und Hamburger mögen sich einfach
nicht.

Kein Derby im Norden hat eine längere Geschichte,
kein Derby hat mehr Geschichten zu erzählen. So
viel gemeinsame Vergangenheit, so viel vergangene
Emotionen, ein besonderes Spiel, jedes Mal. Glück-
licherweise haben die Vereine vor einigen Jahren damit begonnen, diese Vergangenheit professionell zu
pflegen, fast jeder Bundesligaverein hat ein eigenes
Museum. Zwei der schönsten stehen, richtig geraten,
in Hamburg und Bremen. Den Bremer Achim Ball-
hausen, der in elf Jahren etwa 35 000 Menschen in
1750 Führungen durch das Weserstadion geleitet hat,
seit vielen Jahren im Wuseum arbeitet und einer der
treuesten Fans vom SVW ist, kenne ich schon von
einer früheren Geschichte. Achim hat nämlich ein
eigenes Werder-Museum in seinem Keller und das
durfte ich mir einmal anschauen.

Achim und ich treffen uns an diesem sehr warmen
Sommertag vor dem Volksparkstadion, denn dort im
Bauch des riesigen Gebäudes befindet sich das HSV-
Museum, gegründet von einem Mann mit dem schö-
nen Hamburger Namen Dirk Mansen, und mit dem
sind wir heute verabredet. Die Idee: eine Führung

durch das HSV-Museum mit dem Museumsmann aus Bremen.

Auch Dirk verliebte sich einst in Uwe Seeler, er sah ihn live das erste Mal im Jahr 1971 von den Schultern seines Vaters aus. Von da an ging er immer wieder hin, fuhr seinem Verein hinterher und wurde süchtig. Später machte er eine Radiosendung, die so erfolgreich war, dass sich in ihrem Umfeld der Kern des heute so mächtigen Supporters Club bildete. In Hamburgs Fanszene hat Dirk schon jeden Job gemacht. Inzwischen ist er unter anderem für das Museum zuständig, er ist der Bewahrer der Tradition eines so traditionsreichen Vereins. Das ist eine große Aufgabe.

Warum treffe ich mich ausgerechnet hier mit diesen beiden Männern? Erstens, weil ich gerne in Fußballmuseen gehe. Zweitens, weil mir diese beiden Herren als sehr geeignet dafür erschienen, über Tradition und die großen Geschichten zu sprechen, die einen Fußballverein zu einem Klub mit Geschichte werden lassen. Und weil auch Rivalität in dieser Pflege von Traditionen eine bedeutende Rolle einnimmt. Es gibt im Norden Deutschlands keine größeren Traditionsvereine als den Hamburger SV und Werder Bremen. Dirk und Achim sind stolze Vertreter ihrer Klubs und mit der Pflege der großen Geschichte kennen sie sich bestens aus. Außerdem, das ist sehr angenehm, definieren sie die Rivalität zwischen dem HSV und dem SVW auf recht entspannte, weil körperlose Art und

Weise. Ein Faustkampf oder verbale Scharmützel auf Stammtischniveau brauche ich bei den beiden nicht zu befürchten. Dafür verbindet sie zu viel. Und doch liebt Dirk den HSV und Achim eine andere.

Achim und Dirk lernen sich kennen und Dirk führt uns durch die Räume. Wir bewundern eine alte Jacke von Ernst Happel und den Spind von Kevin Keegan, den später Franz Beckenbauer übernahm und mit Comiczeichnungen seiner selbst aufhübschte. Hinter Glas hängt eine Fahne von Dinamo Tiflis, ein bestickter Gruß aus der Welt vor 1989.

»Warst du schon mal da?«, fragt Achim.

»Dreimal«, sagt Dirk.

»Ich zweimal«, sagt Achim.

Die Männer sind rumgekommen und meistens war es die Zuneigung zu ihrem Verein, die sie in Regionen führte, die andere meiden. Als auf dem Balkan bereits ein heißer Krieg tobte, fuhr Achim mit Werder ins Krisengebiet – UI-Cup. Er sagt: »Eine Woche nach dem Spiel sah ich Bilder im Fernsehen aus der Stadt. Die Brücke, über die ich gegangen bin, war weggesprengt.« Nur eine von insgesamt 52 Auswärtsfahrten, die Achim für seinen Klub quer durch Europa unternommen hat. Dirk kann ähnliche Geschichten erzählen, aber jetzt zeigt er uns erstmal die gewonnenen Pokale seines Klubs. In einer mannshohen Vitrine glänzen die Silberlinge um die Wette, Ruhm vergangener Tag, in Pokale gegossen und hinter Glas ausgestellt. Im Fußball geht es immer weiter, der größte Sieg verblasst vor der Gegenwart. Viel wertvoller für einen Klub ist das, was diese großen Siege mit den Menschen machen, die sie feiern durften. Das ist es, wenn von Tradition gesprochen wird und deshalb können so junge Klubs wie Leipzig oder Hoffenheim in dieser Hinsicht gar nicht mithalten. Siege, Meisterschaften und Pokalsiege haben Menschen verändert, Freundschaften wachsen und Liebe entstehen lassen. Dass wir Jahre später, wenn die Erinnerung an die großen Taten nur noch hinter Glas zu bewundern sind, immer noch hingehen, obwohl der eigene Verein keine Pokale mehr gewinnt, liegt auch daran, dass wir ihm nach wie vor dafür dankbar sind, was er einst leistete. Der Hamburger und der Bremer können ein Lied davon singen.

Natürlich hat auch das Derby, hat auch die Rivalität zwischen Werder und dem HSV hier im Museum seinen Platz. Die Sperrspitzen norddeutschen Fußballs verbinden viele unvergessene Erinnerungen. Früher, zu Oberliga-Zeiten und eigentlich bis in die frühen Achtziger hinein, war der HSV meistens größer, besser und erfolgreicher als Werder. Man hatte ja »Uns Uwe«, in den sich selbst Achims Opa, Bremer, verguckte und deshalb dem Rivalen die Daumen drückte – wenn es nicht gerade gegen Werder ging. Dann gewann der HSV auf einmal keine Meisterschaft und keinen Pokal mehr, während Werder erst unter

Rehhagel, später unter Schaaf glorreiche Jahre hatte. Seitdem kann man in Hamburg die Bremer noch weniger leiden. Und in Bremen lachen sie immer noch über die Demütigungen, die sie den sonst in allen anderen Bereichen überlegenen Hamburgern auf dem Fußballplatz zugefügt haben. Währenddessen steht Achim vor dem ältesten Wimpel der HSV-Geschichte und begutachtet ihn mit Kennerauge und nostalgischem Glanz auf der Linse. Nach gut einer Stunde ist die Führung beendet. Wir gehen etwas Essen.

Mit Blick ins Innere des Stadions sprechen Achim und Dirk über Fußball und darüber, wie es so ist, das Leben als Vollzeitfan. Und was offenbar verloren gegangen ist. »Als wir das Stadion neu gebaut hatten, kamen Menschen nur deshalb zu Besuch, um sich die Solaranlage auf dem Dach anzuschauen«, sagt Achim und Dirk nickt. Es gibt viele Gründe, nicht mehr Fußball zu gucken, aber Dirk kann nicht anders. Denn die Gemeinschaft, die ist ja geblieben, Eventkultur, Kommerz und TV-Geldern zum Trotz. »Die Gemeinschaft«, sagt Dirk, »in Block 28A sind Menschen, die schon seit den frühen Sechzigerjahren zusammen standen und dort ihren Platz gefunden haben.« Er ist einer von ihnen und natürlich hat auch Achim seine Dauerkarte mit den über Jahrzehnte gemeinsamer Fußballerfahrung zusammengewachsenen Vorder-, Hinter- und Nebenleuten.

Ist der Fußball denn fanfreundlicher geworden,

frage ich und überraschenderweise bejahen das beide sofort. Sie haben ihre Erfahrungen gemacht. Achim musste früher immer aufpassen, damit er nicht von HSV-Rockern und Faschos von den harten Betonstufen getreten wurde, er und Dirk wurden in den zugigen alten Spielstätten hunderte Mal nass und kalt, ihr Geld gaben sie für Bier und Wurst aus, denn mehr Angebot gab es nicht. Heute ist so ein Fußballspiel viel bequemer und sicherer und weil Achim die Faschos nicht vermisst und Dirk lieber trocken als nass ist, weinen sie der Vergangenheit in dieser Hinsicht keine Träne nach.

Erstaunlich ist, dass die Jungs aus der alten Schule, die Traditionalisten qua Berufung, wesentlich milder über den Retortensonderling RB Leipzig urteilen. »Neue Klubs muss es doch geben dürfen«, sagt Dirk und Achim freut sich für die Fans aus Leipzig, die in den kommenden Jahren an ihrer eigenen Geschichte basteln dürfen. Wesentlich bedrohlicher für den Erhalt eines nicht komplett fanentfremdeten Vereins sei die 50+1-Regel und die Mächtigen dieser Szene, die sie nur zu gern kippen würden, weil Fußball für sie längst kein Spiel mehr ist, sondern Spekulationsobjekt. »Das«, glaubt Dirk, der auch dafür gekämpft hat, dass sich sein Verein nicht von seinen Fans loslöste (das aber mit der Ausgliederung der Profis ein Stück weit tat), »würde den Fußball in seinen Grundfesten erschüttern.«

Bis dahin werden sie weiter bewahren und Bewahrtes pflegen, Gepflegtes zeigen und davon erzählen. Als ihre Vereine neue Sitzplätze bekamen, gingen beide Männer ins Stadion und montierten die alten Sitzbänke ab. Schalen der Erinnerung. Sie werden mithelfen, dass niemand vergisst, wie das damals war mit Uwe und Pico und der Papierkugel.

Und sie haben mir gezeigt, dass der Fußball auch deshalb so groß geworden ist, weil es Menschen gibt, die abseits des Rasens dafür sorgen, dass alles fair und sportlich bleibt. Dass man die Geschichte und die Existenz eines anderen Klubs respektieren kann, und trotzdem die dazugehörige Rivalität mit der nötigen Hingabe pflegt. Der Bremer Achim fand das Museum der Hamburger beeindruckend, weil er ja auch Liebhaber des Spiels und seiner besonderen Anekdoten ist. Er würde trotzdem niemals den HSV besingen, da könnte ihm »Uns Uwe« persönlich das Messer auf die Brust setzen. Dirk geht es genauso. Aber was wäre dieses Spiel ohne Konkurrenz und Wettbewerbsgedanken? Bloß ein netter Zeitvertreib.

Achim und Dirk haben mir noch eine andere Lektion erteilt. Ihre Unterstützung für die gerade erst zu wachsen begonnene Fan- und Fußballkultur bei RB Leipzig hat mich überrascht. Ich werde nicht aufhören, das Konstrukt RB zu kritisieren, aber die Menschen, die sich diesem Klub verschrieben haben oder verschreiben werden, gilt es genauso zu respektieren

wie die Hamburger und Bremer. Auch in Leipzig wird
der Fußball Freundschaften entstehen lassen oder
fördern, auf den Auswärtsfahrten der RB-Anhänger
werden sich Geschichten ereignen, über die man vielleicht irgendwann in einem Museum erfahren wird.
So sehen es jedenfalls die Geschichtenbewahrer vom
HSV und Werder Bremen. Wer mag so viel Fachkom-
petenz schon widersprechen?

Draußen vor dem Stadion verabschiede ich mich
von Achim, gleich neben dem gigantischen Bron-
zefuß von Goldjunge Uwe. Man kann den Hamburgern als Bremer eines ganze Menge Dummheiten un-
terstellen, aber dass sie ihren größten Fußballer mit
solch einem wunderbar-furchtbar-absurdem Denkmal ehren, macht sie doch sehr sympathisch. Zumal »Uns Uwe« seinen generationenübergreifenden
Ruhm auch dem Umstand verdient, dass er als Spieler zwar voller Lust und Leidenschaft Fußball spielte,
die großen Rivalitäten und Traditionen dieses Sports
auslebte und doch bis heute mit den Schlagworten
»Respekt«, »Fairness« und »Ehrlichkeit« in Verbindung gebracht wird. Als hätte man den Riesenfuß ex-
tra für dieses Kapitel hierhin gebaut. Achim streicht
noch einmal über Uwes großen Zeh und fährt dann
wieder nach Bremen.

6. KAPITEL

ESSEN

In dem der Autor tief im Herzen des Ruhrgebiets einen Mann trifft, der seit vielen Jahren die Herzen der Fans von Rot-Weiss Essen bewegt. Weil er selbst so sehr mit seinem eigenen dabei ist.

Wenn es wirklich stimmt, dass man sich nicht seinen Verein aussucht, sondern der Verein das für einen übernimmt, dann spielt Rot-Weiss Essen seit vielen Jahren ein sehr gemeines Spiel mit seinen Fans. 1955 wurde der Klub Deutscher Meister, angeführt vom berühmtesten Fußballer der Stadt, Helmut Rahn, den sie den »Boss« nannten, weil er so cheffig Fußball spielte. Und vielleicht auch deswegen, weil das so schön konträr klang bei einem Verein, der vor allem Malocher in sein Stadion an der Hafenstraße lockte, von denen die Härtesten der Harten in den Nachbarstädten bis heute nur »die Zahnlosen« gerufen werden. Die Essener spielten in der neu gegründeten Bundesliga, stiegen ab, dann wieder auf, brachten unvergessene Fußballer wie Willi Lippens hervor und als es gerade einmal wieder ganz gut lief, stürzte der Bundesligaskandal den Verein in die Regionalliga. Auch weil Spieler anderer Klubs Partien manipuliert hatten, stieg RWE ab und wurde trotz der Aufdeckung des Skandals nicht rehabilitiert. Den Hass auf die Schalker machte das nur noch größer, da Profis von diesem Verein selbst vor Gericht die Unwahrheit sagten. Spitzname der Essener für die Schalker von da an: FC Meineid. 1977 durften die Treuen in der Kurve das letzte Mal Bundesligafußball in Essen sehen. Seitdem hat es dieser große Verein nie mehr ganz nach oben geschafft. Im Gegenteil. Kleinen und großen Lichtblicken wie dem Einzug ins DFB-Pokalfinale 1994 folgte meist irgendeine Katastrophe, wie zum Beispiel noch im selben Jahr der Lizenzentzug und Zwangsabstieg in die Oberliga. Nie war es düsterer an der Hafenstraße als im Juni 2010, als hier tatsächlich fast die Lichter ausgegangen wären und der Klub Insolvenz beantragen musste. Das neue Stadion – bezahlt von der Stadt und externen Geldgebern – war da schon in Planung. Inzwischen fühlen sich die Fans dort heimisch, selbst in der Regionalliga, wo RWE gegenwärtig spielt. Kein Verein aus dieser Spielklasse hat im Schnitt mehr Zuschauer, etwa 8000 kommen an jedem zweiten Wochenende und hoffen darauf, dass der liebe Gott weiterhin seine schützende Hand über ihren Klub legen möge, auch wenn man manchmal das Gefühl nicht los wird, dass der lieber im Fußballhimmel den Anekdoten des 2003 verstorbenen Helmut Rahn lauscht, statt sich um die Essener Probleme auf Erden zu kümmern.

Also müssen die Fans das eben selbst machen. Und genau mit so einem Selbermacher bin ich im Spätsommer 2017 verabredet. Der heißt Thomas Sandgathe, ist gebürtiger Essener, Jahrgang 1967 und wird nur Sandy gerufen. Sandy ist eines dieser Originale, auf die sie im Pott besonders stolz sind. Interessante Vita, irre Type, Herz am rechten Fleck, nicht auf den Mund gefallen. Im Gegenteil: Sandy reißt seit vielen Jahren sein Maul für RWE auf, und meistens kommen herrlich bekloppte Songs im tiefen Essener Bass raus. Denn Sandy ist Musiker, singt am liebsten für Rot und Weiss, sammelt damit Geld für die, die es brauchen, und hat sich längst zu einem Troubadour der Fanszene aufgeschwungen. Wer aus Essen kommt, zu RWE geht und noch nie etwas von diesem Mann mit dem markanten Schnauzbart gehört hat, ist entweder vorrangig am Häppchenstand zu finden oder hat bislang etwas verpasst.

In Essen-Borbeck wartet Sandy auf mich und weil er mir wenigstens ein bisschen Essen zeigen will, setzen wir uns in den Biergarten der Dampfe, einem Brauhaus. Am Eingang begrüßt uns ein viele Meter hoher Turm aus Ziegelsteinen. Ob man von da oben in die ruhmreiche Vergangenheit von RWE gucken kann? Apropos, Sandy arbeitet natürlich als Flutlichttechniker und hat von oben schon fast jedes Stadion im Westen gesehen. Nicht nur deshalb hat der Mann einen anständigen Weitblick über das, was man modernen Fußball nennt. Beginnen wir also mit der Gegenwart, bevor es uns in die Vergangenheit zieht. Denn das ist es, was jeden Fußballfan bewegt, der niemals ein Fußballspiel als »Event« bezeichnen würde. Igitt, Sandy schüttelt sich und erzählt dann davon, dass es in Zukunft noch heller in den Stadien werden wird, weil die TV-Anbieter das vom DFB verlangen, damit die schweineteuren HD-Kameras auch bei Abendspielen perfekt ausgeleuchtete Events übertragen können. Eigentlich gut für Sandy, denn so hat er in Zukunft häufiger die Gelegenheit, die Fußballwelt von oben zu sehen. Und gleichzeitig steht der Mann den Auswüchsen der Kommerzialisierung gegenüber wie der Allergiker dem nächsten Pollenflug. »Es geht nur noch um die Kohle«, brummelt der Mann aus der Zechenhochburg in seinen Seehundbart und sagt dann den Satz, den ich auf den Reisen für dieses Buch schon so häufig gehört habe, ein Ausdruck der Verzweiflung und vieler Fragezeichen: »Irgendwann ist halt auch mal Ende.« Nur wann dieses Ende kommen und was er dann machen wird, das weiß Sandy nicht. Seine Lösung für das Hier und Jetzt: »Ich rede mir meinen Verein und den Fußball schön, damit ich immer wieder komme.« Denn ein Leben ohne Fußball ist nicht vorstellbar, wenn man dem Fußball sein Leben gewidmet hat.

Dabei hat Sandy mit Fußball als Spiel eigentlich nicht viel am Hut. Fußball ist für ihn »Frauensport«. So was kann natürlich nur sagen, wer von Haus aus Handballer ist. In der A-Jugend war Sandy Bundesligatorwart für TUSEM Essen, aber da war er schon längst von der Droge Fußball angefixt. Mit sieben nahm ihn sein Cousin das erste Mal mit in die Hafenstraße, wo das Stadion inzwischen nach dem ehemaligen Präsidenten Georg Melches benannt worden war. Essen spielte gegen Schalke, mehr Abscheu geht im Ruhrgebiet nicht, da kann selbst das ewige Duell zwischen Dortmund und Schalke nicht mithalten. »Seitdem«, sagt Sandy, »hasse ich die«, und meint natürlich Schalke. Die meisten Fans sind als Kinder Fans geworden und ziehen diesen ganz besonderen Kindertrotz bis ins hohe Alter durch. Anderswo wäre es albern, beim Fußball ist das vollkommen in Ordnung, wenn ein dufter, weltoffener Familienvater wie Sandy nicht den Namen des verhassten Rivalen über die Lippen bringt.

Sandy war fortan Rot-Weiss. Er sagt: »Du gehst mit deinem Verein pennen und wachst mit deinem Verein auf.« Eine Dreiecksbeziehung, die seine kluge Frau seit nunmehr dreißig Jahren akzeptiert, schließlich hatte ihr Göttergatte von Anfang an für klare Verhältnisse gesorgt. »Stell dich nie zwischen mich, den Fußball und die Musik«, sagte Sandy damals und das hat bis heute Gültigkeit. Was seiner Frau im

Traum nicht eingefallen wäre und auch deshalb sitzt ihr Mann jetzt bei Bierchen Nummer zwo und sagt: »Wir sind sowas von glücklich.« Die beiden haben zwei Töchter, die ältere ist neunzehn, die jüngere dreizehn. Die Neunzehnjährige hat gerade eine Ausbildung in der von Sandy verehrten Stauder-Brauerei begonnen und ihren Papa damit sehr stolz gemacht. Selbstverständlich hat sie einen ganz normalen weiblichen Vornamen, aber ihr bekloppter Vater nennt sie »Helmut«, dem Essener Boss zu Ehren. Das fiel ihm irgendwann nach ein paar Stauder auf der Auswärtsfahrt ein. Sandy hat diese geniale Eingebung bereits in einem Song verwurstet: »Im Sonderzug nach Aue, die Idee mich überkam, ich taufe meine Tochter auf den Namen Helmut Rahn.« Die neunzehnjährige Helmut hat offenbar nichts dagegen, die väterliche Affenliebe macht eben blind.

Apropos Liebe. Sandy hat offenbar ein großes Herz. Wie sonst ist es zu erklären, dass er noch einer weiteren zeit- und energiefressenden Leidenschaft frönt, nämlich der Musik. Seit einem Vierteljahrhundert macht er Punkrock, Acoustic Folk, solche Sachen, und war mit seinen Bands in der Welt unterwegs. Seit 2004 gibt es die Staudertrinkers, Sandys Schnittstelle aus Musik und Fußball, denn sehr gerne nutzt er seine markante Schleifsteinstimme, um RWE zu huldigen und um Geld für die Essener Chancen zu sammeln, einem gemeinnützigen Projekt, das Kindern unter anderem mit der Aktion Herzenswünsche eben jene erfüllt. Darauf ist Sandy stolz und das darf er auch sein.

Bierchen Nummer drei. Jetzt will ich von dem Kurven-Barden wissen, was den Fußball denn so groß macht hier in Essen. Warum im Schnitt 8000 Essener zu den Heimspielen der vierten Liga gehen, warum er seine Tochter Helmut nennt, warum wir hier sitzen, was das Geheimnis dieser mit Abstand meist geliebten deutschen Freizeitbeschäftigung ist. »Es ist die Brut«, sagt Sandy. Die Frauen und Männer, die die gleichen Farben auf der Brust und die gleiche Zuneigung im Herzen tragen. Die zweite Familie im Block. Die große Gemeinschaft. Diese ungeheure Sogwirkung des Fußballs, der Menschen aus allen Schichten dieser Gesellschaft zusammenkommen lässt, dafür sorgt, dass aus Fremden Freunde werden, dass nach Toren und Siegen arme Schweine reichen Säcken in den Armen liegen und nach Niederlagen und den großen Pleiten Menschen zusammen trauern, die sich sonst vielleicht auf die Fresse hauen würden. Der viel zitierte Spiegel der Gesellschaft, Sandy hat sich und seine Leidensgenossen schon oft genug darin betrachtet. Dort sah er Menschen, die auch dann noch ins Stadion kamen, wenn der eigene Verein mal wieder runtergewirtschaftet war, scheiße spielte und ins tabellarische Niemandsland gespült wurde.

Scheiße fressen, sagt Sandy, schärft den Charakter. Er kennt sich sehr gut mit den Momenten im Leben aus, wenn die harte Faust des Schicksals einen in die Gosse prügelt wie Bud Spencer seine Filmbösewichte. Kaputt gehen ist ganz leicht. Sich nicht kaputt machen lassen, das ist die hohe Kunst. Oder um es mit Sandys Worten zu sagen: »Hinfallen kann man immer, immer wieder aufstehen, das muss man drauf haben.«

Sandy hatte einen großen Bruder. Der hat ihn zur Musik gebracht und nicht nur deshalb war er für ihn »Gott«. Als er 25 war, wurde er überfahren. Gott war tot. Für Sandy war das der große Bruch im Leben, die Phase, in der er lernen musste, wieder aufzustehen, weiterzumachen und dafür zu sorgen, dass der Gitarre spielende Held, der so früh verstarb, nie wirklich aus dieser Welt verschwand. Später verlor Sandy zwei enge Freunde, die beide einen Herzfehler hatten. Und erst im letzten Jahr fiel sein Freund, der Dachdecker Ruhrmichell, vom Dach. Bei der Trauerfeier für den Verstorbenen sang Sandy den Lieblingssong seines Freundes: »Nur der RWE«. »Dreihundert Leute«, brummt Sandy, »alle haben geheult.«

Seitdem kümmert er sich um die Familie des toten Dachdeckers und genau das mag er so an der Gemeinschaft Rot-Weiss Essen: dass man aufeinander aufpasst, dass man sich hilft und unterstützt, weil einen die gemeinsame Liebe zum Verein verbindet. Aber diese Liebe will gepflegt werden, nur interessiert das immer weniger Entscheider, denen Zahlen und Tabellenstände wichtiger sind als Herzensangelegenheiten. In Bochum haben sie in diesem Jahr der Ausgliederung der Profis aus dem Verein zugestimmt. »In Essen«, sagt Sandy, »sind wir Fans und Mitglieder noch immer die Basis.« RWE ist weiterhin ein eingetragener Verein und mit den möglicherweise besseren finanziellen Möglichkeiten durch Investoren und sonstige Geldgeber nach einer Ausgliederung muss man Sandy nicht kommen. Er hat längst begriffen, dass sich nur deshalb 8000 Leute die Regionalliga antun, weil ihnen der Klub wirklich etwas bedeutet. Weil sie mit ihm pennen gehen und wieder aufstehen. In Essen checkt man das, behauptet Sandy und er hofft, dass das so bleibt. Er will dabei gerne mithelfen. Zum Beispiel durch seine Musik, denn Musik sei noch immer die schönste Möglichkeit, Emotionen auszudrücken und das wiederum stärke das Gemeinschaftsgefühl. Und ist es nicht die Sehnsucht nach einer starken Gemeinschaft, die Fußballfans zu Fußballfans mache?

Wer so viel Emotionen investiert, der schießt manchmal über das Ziel hinaus, auch das gehört zum Fansein, gehört zu Essen, gehört zum Punkrocker Sandy. Wie beim Auswärtsspiel gegen die zweite Riege von Schalke 04, die Sandy und seine Jungs zur »Gin Tonic Gangbang Bus-Tour« ausgerufen hatten. Essentieller Bestandteil der Tour war ein vom Gin angeheizter Dreikampf: einem Schalker in die Eier treten, Olaf Thon nageln und einem Schalker den Mund

75

mit Sahne ausfüllen. Zu diesem Zweck hatte die »Gin Tonic Gangbang Bus-Tour«-Truppe eine Gummi-puppe mit an Bord, der man ein Schalke-Trikot über-gezogen hatte und die bei genauem Hinsehen bezie-hungsweise nach dem fünften Gin Tonic eine gewisse Ähnlichkeit mit Olaf Thon hatte. Ein großer Spaß. Im Stadion war die Puppe immer noch mit dabei und irgendwann ging Sandy der Anblick dieser königs-blauen Reisebegleitung so auf den Keks, dass er sie am Zaun hängend in Flammen setzte. Wovon Fotos im *Reviersport* und anderen lokalen Medien veröf-fentlicht wurden. Beinahe hätte Sandy dafür Stadion-verbot erhalten, was er natürlich als grobe Frechheit empfand. Und warum nun diese Puppenaktion? »Weil es geil ist, einfach mal durchzudrehen.« Recht hat er ja. Und wo soll das ein erwachsener Mann tun? Oben auf dem Flutlicht? Abends beim Essen mit der Familie? Hier, im Biergarten der Dampfe? Eben.

Sandy wird weiter seinen Mund aufmachen, über das Leben und den Fußball singen, sagen, wenn ihm etwas nicht passt und sich ab und an die Freiheit nehmen, ein wenig durchzudrehen. Er hat längst be-griffen, dass er gut auf eine Bühne oder in die Kurve passt. Er hat die nötige Stimmkraft, die nötige Be-klopptheit und das nötige Sendungsbewusstsein, um im Namen der Anhänger Lobbyarbeit für die Fankul-tur zu betreiben. Als 2012 das neue Stadion von RWE eröffnet wurde, während im Hintergrund die Bagger das ruhmreiche Georg-Melches-Stadion zu einem Parkplatz runterkloppten, wurde Sandy eingeladen, vor den Fans ein Ständchen auf das neue Zuhause zu trällern. Nach ihm sollte der Bürgermeister auf die Bühne und dass der schon im Vorfeld davon gefaselt hatte, dass dieses Stadion ein Stadion für ganz Essen und nicht nur die Fußballfans werden würde, ging Sandy ganz schön gegen den Strich. Die Organisatoren hatten ihm verboten, statt seiner Strophen ein paar persönliche Worte loszulassen, aber das war ihm natürlich egal. Nach dem ersten Refrain von »Nur der RWE« sprach er die schönen und wahren Worte ins Mikrophon: »Ein Stadion ohne Fans ist nur ein Betonklotz.« Die Leute jubelten und der Bürgermeister zerknüllte im Hintergrund seufzend den Zettel mit seiner Rede.

Doch immer häufiger hat man in den vergangenen Jahren das Gefühl, dass solch ein Satz bei den Machern des großen (und kleinen) Fußballs auf taube Ohren stößt. Vielleicht weil Betonköpfe so schlecht hören können? Und so stellt sich die Frage, was ein Idealist wie Sandy überhaupt noch beim Fußball zu suchen hat. Obwohl er die Antwort darauf schon gegeben hat. Es ist nicht unbedingt das, was unten auf dem Rasen passiert oder abseits davon entschieden wird. Es ist die wunderbare Möglichkeit, am Wochenende einen guten Grund zu haben, unter Menschen zu sein, die einen verstehen, die das lieben, wie man es selbst tut.

Sandy wird auch in Zukunft Heimspiele um elf Uhr in seiner Stammkneipe in Essen-Borbeck beginnen, sich eintrinken, ins Stadion fahren, die Zaunfahne aufhängen und die Mutti vom Bierstand begrüßen. »Wenn das Spiel scheiße ist, kann ich wenigstens die Zeit mit coolen Typen am Bierstand verbringen«, sagt er. Da wird er darauf anstoßen, dass Gott weiterhin Rot-Weiss Essen schützen möge. Dass er das Aufstehen nie verlernt. Und vielleicht auch darauf, dass der Fußball nicht denen weggenommen wird, die sich ihm mit Herz und Seele und Stimmbändern verschrieben haben. Sonst bleibt am Ende wirklich nur ein Klotz aus Beton.

7. KAPITEL

LEHE

In dem der Autor nach Bremerhaven reist, um im angeblich ärmsten Ort Deutschlands zu beobachten, wie ein kleiner Verein Besuch von einem großen Profiklub hat und dabei daran erinnert wird, wie großartig Amateure sein können.

Wovon lebt der sportliche Wettkampf? Wie werden Helden geboren, wann Heldengeschichten geschrieben? Eigentlich schon immer, wenn der vermeintlich Kleine den Großen besiegt, das altbewährte David-gegen-Goliath-Prinzip. Kein Mensch erinnert sich noch daran, wie die Bayern 2016 wieder Meister wurden. Aber die allermeisten Fußballfans ab Baujahr 1985 wissen, dass dieser Goliath mal vom Drittligisten TSV Vestenbergsgreuth mit 1:0 aus dem DFB-Pokal geschmissen wurde. 1994 war das und die Schmach so groß, wie der Name des Gegners lang war. 2017 ist solch eine Sensation nahezu unmöglich. Bayern, Dortmund und all die anderen Größen sind inzwischen so gigantisch, dass David aus hundert Steinschleudern feuern könnte, Goliath würde sich kurz schütteln und den armen Steinewerfer platt treten.

Das Schöne ist aber: Fußballfans sind vergesslich und sie verdrängen gerne, weil der Fußball dafür da ist, träumen und spinnen zu dürfen. Genau dieses Verhalten macht den besonderen Reiz der Auslosung für die erste Runde des Pokals aus. Außenseiter aus den Ligen drei bis sechs sitzen dann in Vereinsgaststätten oder im Partykeller vom Co-Trainer und drücken sich selbst die Daumen, einen namhaften Gegner zu ziehen, der einen Zuschauerrekord, Rekordeinnahmen und ein paar Minuten Sportschau verspricht. Die Bayern geben mehr als vierzig Millionen Euro für einen bis dato unbekannten Verteidiger aus? Das entbindet sie nicht von der Pflicht, die Reise Richtung Rathenow oder Flensburg anzutreten, um dort ein Pflichtspiel gegen einen Oberligisten zu bestreiten, bei denen der Torwart nicht Weltmeister, sondern Finanzbeamter ist.

Einer dieser glücklichen Klubs im Erstrunden-Lostopf der Saison 2017/18 war die Leher Turnerschaft. Der Verein aus dem ziemlich verrufenen Stadtteil der ohnehin verrufenen Stadt Bremerhaven hat im Frühsommer 2017 überraschend den Bremer Landespokal gewonnen und bekam zur Belohnung den 1. FC Köln zugelost. Nicht ganz Bayern oder Dortmund, aber immerhin Bundesliga, große Tradition, Europa League, ein Zuschauermagnet. Lehe gegen Köln.

Liga fünf gegen Liga eins. Und mit diesem Spiel der Wunsch eines jeden Fußballfans – so er oder sie nicht aus Köln kommt – auf das nächste Pokalwunder, auf Helden und Heldengeschichten.

Einen Tag vor dem großen Spiel komme ich in Lehe an. In keiner Region des Landes sollen mehr Menschen mit Schulden leben als hier, sagt die Statistik. Aber das muss nicht heißen, dass man hier nicht wüsste, wie man das Leben feiert. Auf dem Weg zum Nordsee-Stadion passiere ich eine Kneipe, deren Außenfassade der Besitzer, offensichtlich ein Motorsportenthusiast, so mit Schildern, Ferrari-Symbolen und schalen Gags – »Scheiss Service, warmes Bier, schlechte Musik, aber 4lagiges Scheisshauspapier« – zugekleistert hat, dass man schon vom Vorbeigehen besoffen wird. Ein halbe Stunde Fußmarsch später taucht das Stadion auf. Hier spielt der OSC Bremerhaven, aber an diesem Wochenende bekommt Lehe den Platz – die kleinen Klubs dürfen, sofern sie sich qualifiziert haben, zwar am DFB-Pokal teilnehmen, aber sie brauchen dafür eine Anlage, die den strengen Verbandsauflagen entspricht.

Vor dem Haupteingang stehen zwei Männer, die sich nicht nur sehr ähnlich sehen, sondern sehr ähnlich sind. Volker und Rainer (»Mit ai!«) Schmidt machen hier die Presse, aber eigentlich machen sie fast alles. Volker war vor vielen Jahren sogar Trainer. Damals, zum neunzigjährigen Jubiläum, kamen die

Bayern zum Freundschaftsspiel in den Norden, Egon Coordes, ein Leher und in München zum »Schleifer« aufgestiegen, hatte die Partie eingefädelt. Volker und Rainer sind Zwillinge, geboren am 22. Juni 1961, und Vereinsmitglieder seit ihrem zweiten Lebenstag. Uropa Schmidt hat die Turnerschaft 1898 mitgegründet und so viel Tradition verpflichtet. Die Gebrüder Schmidt haben ihr Leben dem Leher TS verschrieben, sie machen die Vereinszeitung, haben eine Sendung im Regionalfernsehen und wenn ihnen ein unbekannter Journalist aus Berlin eine Mail mit der Bitte eines Besuchs beim Pokalknaller gegen Köln schreibt, dann schicken sie wenige Tage später einen Parkschein samt ein paar freundlichen Zeilen raus. Solche Typen findet man beinahe in jedem Verein und das ist einer der Gründe, warum Fußball so groß ist. Ohne sie würde kein Verein funktionieren. Die Partie gegen Köln ist für die Schmidts das größte Spektakel ihrer Laufbahn. Wer will ihnen verdenken, dass sie ein wenig aufgeregt sind? Erstmal ein Mettbrötchen zur Beruhigung.

Ein weiterer Herr greift sich eine Brötchenhälfte, es ist Manfred Meier, Präsidiumsmitglied und verantwortlich für den Bereich »Organisation«. Herr Meier, ein freundlicher Mann mit Brille und dunklem Haar, ist seit Wochen im Dauereinsatz. Auch er hat sich ein Pils geöffnet und angestoßen, als Losfee Sebastian Kehl Köln nach Lehe schickte. Von da an hatte er nur noch sehr wenig Zeit für Bier und fürs Anstoßen, denn diese Auslosung hatte ihm den größten Kraftakt seiner Funktionärskarriere beschert. Womit wir wieder beim DFB wären, der sich seit Jahren wieder verstärkt für den Amateurfußball einsetzen möchte, den glücklichen Kleinen der ersten Pokalrunde aber dicke Steine in den Weg gelegt hat. Der DFB ist ein im Kern urdeutscher konservativer Verband, seine Entscheider sind meist männlich, Ü50 und haben nur sehr wenig mit Typen wie Volker Schmidt gemeinsam. Sicherheit ist fast noch wichtiger als das Geld, also hat man Sicherheitskonzepte geschrieben und solche Konzepte gehören gefälligst umgesetzt. Auf dem Rasen kann Fußball herrlich anarchisch und kreativ sein, abseits ist er es nicht. Was in diesem konkreten Fall – Cheforganisator Meier beißt ins nächste Käsebrötchen – dazu geführt hat, dass Lehe fünfzehn umfassende Auflagen, darunter jenes umfangreiche Sicherheitskonzept, erfüllen musste. Auf eigene Kosten. Auf Dorfplätzen oder Bezirkssportanlagen könnten sich wütende Hooligan-Karawanen vermutlich recht einfach auf die Schnauze hauen, deshalb ist ein Stadion erforderlich, das Platz genug fürs Fernsehen und frischen Stahl bietet. Die Leher mieteten also die Heimat ihres Rivalen OSC an, und weil dort seit vielen Jahren nicht mehr genügend rivalisierende Fans aufeinandergetroffen sind, um einen Zaun auf der Tribüne notwendig zu machen, mussten sie den

Gästeblock neu umzäunen. So etwas kostet Geld und wirft wieder einmal die Frage auf, wie es dazu kommen konnte, dass man Fußballfans wie verurteilte Verbrecher behandelt und sie von anderen Menschen abschottet, weil man sie als gefährlich einstuft. Daran sind beide Seiten schuld: die Fans auf der einen und die Verbände, die Politik und die Polizei auf der anderen Seite. Gewaltbereite Fanszenen sind wie Erdöl im Wasser: schon ein bisschen Dreck kann eine große Fläche beschmutzen. Und Verbände wie der DFB nutzen ihr Know-how und ihre Kohle nicht etwa dafür, eine für alle Beteiligten zufriedenstellende Lösung auszuarbeiten, sondern fordern einen Gastgeber aus der fünften Liga dazu auf, seine heiß ersehnten Gäste in einen Käfig zu sperren, statt mit ihnen Bier zu trinken und neue Freundschaften zu schließen. Ich bin mir sicher, dass Bremerhaven mit seinem kölschen Besuch ein kleines Festival hätte feiern können. Dann wären Kölner auf Leher getroffen und am Ende wären auf einen Faustkampf hundert begossene Bruderschaften gekommen.

Bloß was hätte den Lehern das ganze Gejammer genutzt, so sind nun mal die Regeln, also wollte man sie einhalten. Dafür hat Manfred Meier nicht nur einen neuen Zaun bauen lassen, der jetzt heller strahlt als der Rest des in die Jahre gekommenen Nordsee-Stadions, sondern auch Fluchtwege saniert, Nummern auf die Betonblöcke vor der Kurve sprühen lassen, Notausgangschilder angebracht und vieles mehr. Ein achtzehnköpfiges Orga-Team – allesamt Menschen mit einem Vollzeitberuf – haben seit Juni ihre Freizeit damit verbracht, sich von der Feuerwehr instruieren zu lassen, einen Sicherheitsdienst zu mieten, den Fernsehmenschen von Sky und ARD zusätzliche Tische an die Presseplätze zu schrauben und eine eigene Tribüne für Rollstuhlfahrer zu errichten. Was die ganze Sache noch merkwürdiger macht: Die Leher werden nach diesem Spiel wieder auf ihren Sportplatz zurückkehren und dort zu Heimspielen vor zweihundert Zuschauern spielen. Durch die hübschen Fluchtwege können dann Fans vom OSC nach draußen sprinten. Bis einen Tag vor dem Anpfiff der Partie hat Manfred Meier mit achtzehn verschiedenen Behörden zu tun gehabt, um diesen Anpfiff möglich zu machen. Aus dem TV-Gelder-Topf bekommt Lehe 115000 Euro, dazu kommen fünfzehn Prozent der Netto-Einnahmen aus dem Ticketverkauf, abzüglich verschiedenster Kosten wie Schiedsrichter, Gastverein etc. »Wenn davon genügend Geld übrig bleibt, um unseren Kunstrasenplatz abzubezahlen, wäre das schön«, sagt Meier. Was er nicht sagt, aber alle Leher denken, ist: Mit mutigeren und vor allem flexibleren Konzepten für solche Veranstaltungen hätte der DFB wirklich etwas für seine Amateure getan. So sehr sie sich in Lehe auf das Spiel freuen und stolz sind, im Rampenlicht zu stehen, so deutlich ist zu spüren, dass der DFB schleunigst über solche neuen Konzepte nachdenken sollte.

Die Brötchen sind verputzt, jetzt wird wieder malocht und wo ich schon da bin, packe ich natürlich mit an. Zu viert schleppen wir Podestteile aus dem Innenraum des Stadions in eine Turnhalle im Inneren der Anlage, die mit einer erstaunlich hohen Luftfeuchtigkeit überrascht – im Bauch des Stadions befindet sich ein Schwimmbad. In der Turnhalle wird morgen die Pressekonferenz stattfinden, dafür die Podeste. Wieder und wieder dackeln wir ins Stadion, schleppen Podeste und essen Gummibärchen. Vor mir läuft Rainer »mit ai«, er trägt ein schwarzes Shirt mit den Partien der Bremen-Pokalrunde aus der Vorsaison. In einem dramatischen Elfmeterschießen bezwangen die Leher sensationell den Seriensieger Bremer SV und qualifizierten sich damit für den DFB-Pokal. Weil Torwart Marco Theulieres die entscheidenden Paraden zum Drama lieferte, hat ihn die Kölner Boulevardpresse in den Vorberichten zum »Nordsee-Titan« erhoben.

Meier spricht beim Schleppen und Aufbauen über das miese Image seiner Heimat, kürzlich hat die ZDF-Sendung »37 Grad« eine Reportage über Lehe gesendet, der Film beschrieb den Alltag von drei Schuldnerfamilien. Von den Minuszahlen auf dem Konto gebeugte Menschen schlichen da durch Schluchten verlassener Immobilien, leere Plastiktüten wehten durchs Bild. Lehe, sagt dieser Film, ist ein Moloch. Doch diese tapferen Leher lassen sich davon nicht unterkriegen. Die Reportage bekam viel Lob, aber in Lehe fanden sie das ziemlich gemein. Wer will schon in die Fresse getreten werden, wenn er sowieso am Boden liegt? »So schlimm ist es hier nicht«, sagt Manfred Meier, als uns erneut die Schwimmbad-Schwüle umarmt. Ein Vorteil haben die vielen Auflagen: Ganz Lehe hat seinen Anteil an diesem größten Spiel der Vereinsgeschichte. Zumindest eine große, repräsentative Menge. Wenn man für die Zuschauer von »37 Grad« das schwarze Schuldenschaf der Republik ist, dann zeigt man den Zuschauern von Sky und Sportschau eben, was so ein verschuldeter Haufen auf die Beine stellen kann. Lehe gegen den Rest der Welt. Fußball als kommunalpatriotisches Projekt. »Ja«, sagt Herr Meier, dessen beeindruckend geräumiger BMW nicht unbedingt auf eine Laufbahn als Pleitegeier schließen lässt, »das ist schon etwas, worauf wir alle mal wieder stolz sein können.« Lehe, Bremerhaven, das ganze Bundesland.

Unsere kleinen Podeste sind inzwischen ein schönes großes geworden, die Tische stehen und an den Mikrofonen streiten Rainer und Volker über die Technik. Im Hintergrund das typische Bild deutscher Multifunktionshallen. Die ledernen Pauschenpferde im Abstellraum. Die rot-weiß gestreiften Tore. In diesem Moment wird die elefantengraue Trennwand heruntergelassen. Morgen sitzt hier der Trainer vom 1. FC Köln. Heute ist erstmal Kinderturnen.

Kleine Stärkung beim Kaffee aus Pappbechern. Volker und Rainer und all die anderen dabei zu beobachten, wie sie ein Fußballspiel organisieren, für das sie eigentlich nicht gemacht sind, ist äußerst charmant. Am Ende wird die ganze Veranstaltung ein paar kleine Macken haben – zu wenig Eingänge, und, noch viel schlimmer: zu wenig Proviant im Presseraum – aber sie wird relativ reibungslos über die Bühne gehen. Das ist eine beeindruckende Leistung und die Männer würden am liebsten vor Stolz platzen, aber es ist noch so viel zu tun. Also wieder rein ins Stadion, letzte Tische in den Presseraum hieven. Manfred Meier schaut auf den Gästeblock und seinen strahlenden Stahlzaun, für morgen werden 1400 Kölner erwartet, plus all die Sympathisanten aus dem Umland. Davon hat die Polizei dreihundert als gewaltbereit eingestuft und vor denen hat Meier Angst. Es ist keine physische Angst, vielmehr die Furcht, ein paar Fans könnten das große Spiel ruinieren und all die Arbeit der Vorwochen nachhaltig vergiften. Bengalos sind seine größte Sorge. »Das gehört nicht zum Fußball«, sagt er und verweist auf das, was üblicherweise auf ein paar Fackeln und Rauchtöpfe folgt: viel zu grelle Bilder im Fernsehen, schlechte Presse und eine Geldstrafe. Dann wäre Lehe nicht nur pleite, sondern auch voller Fußballchaoten. Man kann das anders sehen, aber man sollte deshalb nicht blind für die Sorgen eines Mannes sein, der möchte, dass alles friedlich über die Bühne geht.

8000 Tickets sind verkauft, erworben in der lokalen Sparkasse und im Vereinsheim. Oder kurz vor knapp. Im Innenraum fragt sich ein freundlicher Rentner mit ordentlich Bauch und gemütlichem Schnauzbart nach Tickets durch. Es ist der Präsident vom OSC Bremerhaven, der die vergangenen Wochen im Urlaub war und jetzt Besuch hat, der natürlich unbedingt zu diesem Spiel gehen möchte. Die Chancen stehen nicht besonders gut, aber der Präsident bleibt entspannt. Er ist seit Tagen zur Geschäftsstelle gelaufen, jedes Mal ohne Erfolg. Einen letzten Versuch ist es wert. Am Ende sitzt er im Stadion. Den Kölner Präsident Werner Spinner hätte Meier gerne am Vorabend der Partie zum Essen eingeladen. Aber Spinner wird am Spieltag eingeflogen. Wenn selbst alte Männer die kleinen Traditionen dieses Sports ignorieren, dann muss man sich wirklich Sorgen machen. Der Presseraum steht. 56 akkreditierte Journalisten werden morgen hier sein, plus 80 Kollegen, die für die TV-Übertragung im Dauereinsatz sind. Der Zirkus kommt in die Stadt. Die Zwillinge werden langsam nervös.

Herr Meier ist so freundlich und nimmt mich mit in die Stadt. Er muss einem Freund noch zwei Tickets für das morgige Spiel vorbeibringen, versprochen ist versprochen, auch einen Tag vor dem großen Spektakel. 35 Euro der Sitzplatz, 18 Euro für einen Steher. Wir verabschieden uns, der Mann aus dem Präsidium entschwindet. Beim Spiel werde ich ihn nur aus der Ferne sehen, wie er in Hemd und Anzug wichtige Dinge auf der Tartanbahn zu regeln hat.

Ich habe eine private Unterkunft gebucht und der zukünftige Ehemann meiner Vermieterin kommt mit Kind um den Bauch gewickelt und macht mir auf. Ich erzähle ihm vom Grund meines Besuchs und ihn motiviert das zu einem flammenden Plädoyer für den Stadtteil Lehe im Speziellen und Bremerhaven im Allgemeinen. Er bestätigt das, was ich schon wusste: dass weniger Kohle manchmal auch mehr Charakter bedeutet.

Ich habe noch den ganzen Abend, ihre Stadt ein wenig zu erkunden und mache mich sofort zum Wasser auf. Hinter einer Aral-Tanke und einer Zugbrücke beginnt der Deich und dahinter mischt sich Nordseewasser mit der Weser, die sich hier auf der Zielgeraden ihrer langen Reise befindet. Frische Seeluft macht jede Stadt der Welt attraktiver. Baden-Baden mag im Vergleich zu Bremerhaven ein Ort sein, in dem Milch und Honig fließen – aber eben keine Nordsee. Weil die Kölner Profis sind, haben sie sich in einem Hotel eingemietet, das direkt am Wasser liegt, vom verglasten Speisesaal dürfte man einen wunderbaren Blick auf das geografische Ende Deutschlands haben. Gerne würde ich Trainer Peter Stöger fragen. Der schreibt nämlich gerade etwas an ein Whiteboard, vermutlich ist gleich Mannschaftssitzung. Mein Magen knurrt. Im Restaurant bestelle ich »Knipp«, erstens, weil das eine regionale Spezialität ist und zweitens, weil man den Celler Ableger davon »Pfannenschlag« nennt und ein guter Freund mir dieses Gericht seit vielen Jahren regelmäßig wärmstens empfiehlt. Ich will ihn zum Schweigen bringen und satt werden. Ein Ungetüm von Hafergrütze, Schweinebauch und -kopf, Schwarte, Rinderleber und Brühe. Muss man sich dran gewöhnen, wie an diese Stadt. Aber dann schmeckt's.

Der nächste Tag. Anpfiff ist um halb vier, drei Stunden vorher mache ich mich auf den Weg. Zu Fuß, dachte ich, wäre das die beste Idee. Fünf Kilometer sind es von der Unterkunft bis ins aufgehübschte Nordsee-Stadion. Mein Handy scheint inzwischen über meine Leidenschaft für Kuriositäten Bescheid zu wissen, denn es leitet mich quer durch eine Kleingartensiedlung. Verschlungene Wege zwischen dicht bepflanzten Gärten, teilweise nicht breiter als einen Meter. Es regnet, der Boden ist halb Matsch, halb Erde. Durch diesen Hindernisparcours schlängele ich mich in Richtung Stadion. Ich wollte Provinzfußball und das habe ich jetzt davon. Wobei der Weg ganz wunderbar zu all dem improvisierten Podest-Notausgangschilder-Wahnsinn in Lehe passt. Dann taucht auf einmal, inmitten der ganzen Gärten, eine Art Kita auf, mit einem Zaun aus drei Meter hohen Buntstiften. Wenn mir gleich ein rosa Elefant vor dem Stadion Lehe-Schals verkauft, es würde mich nicht mehr wundern.

Es sind dann doch zwei Damen, die Schals, T-Shirts und Mützen aus einem vom Regen aufgeweichten Pappkarton verscheuern. Die Leher hätten heute richtig Geld machen können, zum Beispiel mit vor dem Stadion einfach zu erreichenden Fress- und Getränkeständen oder ein wenig kreativerem Merchandise. Aber vielleicht weigert man sich hier einfach strikt, viel Geld zu verdienen.

Die Kölner strömen aus den kleinen Straßen ums Stadion herum zum Gästeblock, sie sind viele und sie sind unübersehbar. Die paar Lehe-Schal-Träger werden milde belächelt, Weiß und Rot sind die dominierenden Farben und weil so eine lange Anreise in vollbesetzten Bussen viel besser im besoffenen Zustand zu ertragen ist, sind viele von ihnen schon ordentlich dabei. An einem der beiden vor den Eingängen zugänglichen Bierständen besingen ein paar Jungs eine Thekenkraft, die früher bestimmt einmal attraktiv war, heute ist der Lack ein wenig ab und die alkoholgeschwängerten Avancen sind ihr sichtlich unangenehm. Meine neuen Freunde vom Leher TS haben ihr Bestmögliches getan. Vielleicht hätte man ihnen sagen sollen, dass so viele Besucher mehr als nur zwei Eingänge benötigen. Noch fünfzehn Minuten vor dem Anpfiff sind vor dem Stadion zwei sehr lange Schlangen und das in Kombination mit mangelhafter Verpflegung kann Fans schnell wütend machen. Aber sie scheinen alle Verständnis zu haben und harren nur leicht murrend im Bremerhavener Nieselregen aus.

Jetzt aber fix ins Stadion, nur wissen weder die Kaffee-Dame noch zwei andere Kollegen noch die Security-Frau, wie man das von diesem Ort aus am besten anstellt. Es muss schon Hausherr Volker Schmidt sein, der den Besucher an die Hand nimmt und an der langen Schlange vorbei ins Stadion bugsiert. Es regnet. Und es hört auch nicht auf zu regnen, als die Mannschaften auf den Rasen kommen und die alte Tribüne vor Aufregung und Vorfreude stöhnt und brodelt. Durch das wellenförmige Dach fängt es an einigen Stellen an durchzuregnen. Was den jungen Mann neben mir, offenbar ein hochmotivierter Lehrling beim Radio, nicht davon abhält, auf Stimmenfang unter den Lehern zu gehen. Was die sagen wollen, weiß er schon: Boah, die Kölner hier bei uns, klasse, macht uns stolz, hoffentlich wird's nichts zweistellig und bleibt friedlich. So was. Nach fünfzehn Minuten kommt er zurück, er hat keinen Fan gefunden und wird es in der Halbzeit noch einmal versuchen.

Das Spiel ist recht zäh, aber das sind solche Spiele immer. Lehe igelt sich ein, Köln will nicht zu viel Energie verschwenden und irgendwann fällt das erste von insgesamt fünf Toren für den Gastgeber. Eine

Pflichtaufgabe, mehr nicht. Manchmal kann Fußball sehr ernüchternd sein. Was den harten Kern der Kölner nicht davon abhält, oben ohne in jenen Dauersingsang zu verfallen, der einem schon nach wenigen Minuten ziemlich auf den Geist geht. In der Halbzeitpause wird ein junger Nachwuchsspieler mit einem Fairplay-Preis geehrt, er war in einem wichtigen Spiel im Strafraum zu Fall gekommen und hatte den Schiedsrichter davon überzeugt, die Elfmeterentscheidung zurückzunehmen. Großer Sport. »Wir haben ihn alle gehasst«, erzählt einer seiner Mitspieler in der Reihe vor mir. Jetzt sind sie ziemlich stolz auf ihn, weil er da unten auf dem Rasen steht und zum Dank mit seiner Mannschaft zu einem Länderspiel eingeladen wird. Im Kölner Block rufen die Fans: »Scheiß DFB«.

Selbst auf den Toiletten regnet es rein. Es ist schon alles sehr charmant in dieser ersten Runde des DFB-Pokals. Nur wird diesem speziellen Charme nicht unbedingt jeder erliegen, so viel ist klar. Aber wer annimmt, dass Fußball nur Königsklasse und hübsche Arena mit Familienblock ist, der hat wirklich keine Ahnung.

Gerne würde ich mich von den Zwillingen, Manfred Meier und all den anderen verabschieden, aber sie werden vom ganzen Brimborium verschluckt und haben sicherlich Besseres zu tun. Am Ende hat nicht ein einziges Bengalo gebrannt. Hat Lehe nicht zweistellig verloren. War der Klub aus der fünften Liga im ganz großen Rampenlicht. Und irgendein glücklicher Mensch hat hoffentlich die 3x6 Tüten Chips »Colonia Rut Wiess« gewonnen, die die *Nordsee-Zeitung* zur Feier des Tages verlost hat. Kölns Trainer Peter Stöger wird nach der Partie auf jener kleinen Pressetribüne sagen, dass »die Komponente Fairness« gestimmt habe. David hat im Jahr 2017 zwar keine Chance mehr gegen Goliath. Aber er war zumindest fair. Und an der Vorfreude auf dieses Duell und am Reiz an der ganzen Geschichte hat sich nichts geändert. Gott sei Dank.

8. KAPITEL

SOKOLOV

In dem der Autor von Fußballbekanntschaften aus Marseille mit nach Tschechien genommen wird und mal wieder feststellen darf, wie sehr dieser Sport die Menschen zusammenbringt.

Im Sommer 2016 schickte mich mein damaliger Arbeitgeber nach Frankreich. Die Franzosen waren Gastgeber für die Europameisterschaft, vermutlich die letzte EM, die ganz klassisch nur in einem Land stattfand. Es war ein Franzose, der frühere Fußballheld Michel Platini, der dafür sorgte, dass ab 2020 verschiedene Länder an der Austragung dieses Turniers beteiligt sein werden. Ich durfte mir in diesem Sommer meine Aufenthaltsorte selbst aussuchen und wählte Marseille als Basis für zwei Wochen Europameisterschaft. Marseille ist ein bisschen wie Berlin, nur etwas kleiner, mit mehr Afrika, mehr Meer und mehr Fußball. Ich lernte dort aufregende Menschen kennen. Wie jenen Kioskbesitzer, der mich um drei Uhr morgens in nahezu akzentfreiem Deutsch fragte, wo ich denn herkäme und auf die Antwort »Celle bei

Hannover« ausrief: »Celle! Kenn ich! Da saß ich zwei Jahre im Knast!« Oder jenen jungen Typen, der im EM-Tourismusbüro am Hafen arbeitete, mich für das dritte Vorrundenspiel der Franzosen einlud und mir in der Halbzeit auf seinem Dach die schönste Aussicht dieses Abenteuers präsentierte.

Ich wohnte in der Bude eines alten Mannes, der leider ein dreiviertel Jahr zuvor verstorben war und dessen Enkel ich via Twitter kennengelernt hatte. »Du kannst gerne bei uns wohnen, kein Problem«, schrieb Boris in Nachricht Nummer drei. Seine Mutter holte einen Kollegen und mich sogar am Bahnhof ab und fuhr uns zu der Wohnung ihres verstorbenen Vaters, was mir mal wieder zeigte, wie gute Gastfreundschaft aussehen kann. Ihr Sohn Boris ist etwa in meinem Alter, arbeitet in Paris, aber sein Herz hängt an der Fußballstadt Marseille und seines Klubs OM. Ich war nicht der einzige deutsche EM-Reisende, dem Boris seine Unterstützung versprochen hatte, und so lernte ich in der zweiten Woche einen Haufen Jungs aus dem Frankenland kennen, die sich »Sektion Råtskrønĕ« nennen und seit vielen Jahren gemeinsam durch die Welt fahren, um sie durchs Fußball gucken kennenzulernen. Was ich so sympathisch fand, dass es nur eine Flasche Bier brauchte, ehe wir alle gute Kumpels waren. Boris führte uns vom Hafen durch das alte Marseille, zeigte uns enge Gässchen und die breite Brust des Marseiller Fußballstolzes. Dann entdeckten wir einige hundert Meter vom Wasser entfernt einen kleinen Bolzplatz, auf dem vier Jungs aus Kanada, Frankreich und Australien standen und uns begrüßten, wie ich das bislang nur von jungen Hunden kannte, die durch den Maschendrahtzaun am Hundeplatz potentielle Spielgefährten entdecken. Es wurde das schönste Fußballspiel der vergangenen Jahre. Und seitdem ist mir diese fränkische Sektion sehr ans Herz gewachsen. Für dieses Buch möchte ich sie besuchen.

Im September 2017 bin ich auf dem Weg nach Marktredwitz, zwischen Bayreuth und der tschechischen Grenze. Mein Abholservice wartet am Bahnhof. Wir fahren zu Max, besser gesagt zu seiner Mutter, denn dort wohnt Max gerade wieder und dort werde auch ich nächtigen dürfen. Nicht einmal eine Halbzeit nach meiner Ankunft sitze ich mit Bier in der Faust im Keller, drei Jungs von der Sektion neben mir auf der Couch, unter der Decke hängen Fanschals aus allen Himmelsrichtungen, auf dem Bildschirm flackert Fifa 98, ein echter Klassiker. Manchmal braucht es nicht mehr als Bier, gute Leute und eine Konsole, um glücklich zu sein. Wir sprechen über die Schals aus Prag und die Geschichte dahinter. Bewundern den Avatar von Oliver Bierhoff und erzählen uns, wo wir waren, als dieser 1996 im EM-Finale jenes Tor schoss, das ihn unsterblich machte. Dann ruft die Gastgeberin zum Abendbrot und als wir brav am Tisch sitzen, um Wurststullen zu vernichten, fühle ich mich noch ein wenig mehr in die Zeit zurückgeworfen. Was sehr gut zu dem passt, was wir zusammen vorhaben.

Fußballfans sind immer auch Nostalgiker, Erinnerungsfetischisten und Liebhaber von allem, was einmal war. Vielleicht, weil sich beim Fußball so wunderbar die Vergangenheit konservieren lässt, die dann als Panini-Album, Videospiel oder legendäres Spiel abgespeichert ist. Älter werden ist nicht schlimm. Aber manchmal möchte man sich ein wenig dagegen wehren, mal kurz die Zeit anhalten oder für einen Ritt in das Gestern die Uhr zurückdrehen. Gerade in Zeiten, da sich der Fußball von einer Seite zeigt, die viele Liebhaber immer mehr anwidert. Die Jungs aus Franken sind jünger als ich, aber sie fühlen sich fast noch mehr von der Entwicklung des Fußballs vom Volkssport zur Unterhaltungsware verarscht und wollen nicht einsehen, dass man das einfach zu akzeptieren hat. Deshalb fahren sie gemeinsam durch Europa auf der Suche nach den besonderen Geschichten, die dieser Sport zu bieten hat, deshalb spielen sie Videospiele aus einer Zeit, da sie selbst und auch der Fußball noch viel unschuldiger waren, deshalb haben sie mich eingeladen, um gemeinsam zu versuchen, das Rad der Zeit für eine Auswärtsfahrt zurückzudrehen. Dafür gilt es Grenzen zu überwinden und die nächste Grenze hier liegt ein paar Kilometer weiter östlich und führt nach Tschechien. Ziel unseres Wochenend-abenteuers ist Sokolov und der dort ansässige Zweit-ligist. Wir wollen billiges Bier trinken und billigen Fußball gucken, um uns bewusst zu werden, dass so eine Erfahrung sehr viel wert sein kann.

Am nächsten Morgen fahren wir los. Einer der Jungs, der Geisinger, hat seinen Papa mitgenommen, der bei solchen Fahrten gerne dabei ist. Damit wird unser Trip zurück in die Vergangenheit mitten in der Gegenwart nur noch mehr oldschool. Nach vierzig Minuten passieren wir die Grenze und halten vor ei-nem kleinen Laden, in dem die Jungs immer ihr Geld eintauschen, weil der Besitzer so einen guten Kurs zu bieten hat. Sein Shop selbst ist völlig aus der Zeit ge-fallen, es gibt Kleidungsstücke zu kaufen, die schon vor zwei Jahrzehnten verpönt waren und die Mützen mit den Ohrenklappen aus Fell haben vor lauter War-terei auf einen interessierten Käufer längst Staub an-gesetzt. Vermutlich werden sie bis in alle Ewigkeit in der Auslage liegen, ihr Eigentümer scheint sich seine Brötchen eher mit anderen Geschäften zu verdienen. Aber wollen wir an dieser Stelle auf beiden Augen blind für krumme Dinge gleich hinter der Grenze sein, schließlich macht er uns dafür einen fantasti-schen Kurs. Die ersten Kronen verbraten wir auf sehr landestypische Art und Weise: Es gibt Bier und Knö-del satt. Wegzehrung für die zweite Liga. Die wartet beim FK Sokolov und seinem schmucken Stadion.

Alles ist so herrlich stinknormal. Der Parkplatz, das Kassenhäuschen, die Tartanbahn, die Tribünen, die paar hundert Zuschauer. Ich kaufe mir als kleine Erinnerung an dieses stinknormale Fußballspiel eine fußballförmige Shampooflasche mit dem Wappen des Vereins über der Verschlusskappe. Normal ist das nicht.

Die Partie ist ziemlich unspektakulär. Auch das ist Fußball: sich manchmal zu fragen, warum man eigentlich hier ist, um dann festzustellen, dass es die schlichte Schönheit einer schlichten Sportveranstaltung ist. Der Trainer vom Gastgeber, Pavel Horváth, war früher mal ein gefeierter Profi, jetzt ist er etwas fett geworden und man könnte ihn sich ziemlich gut im Blaumann auf dem Weg zur nächsten Waschbeckeninstallation vorstellen. Die Stimmung auf der Tribüne ist recht verschlafen, die Häuser hinter der Sportanlage grau und es fängt an zu nieseln. Wir wollten Fußball von gestern und wir bekommen ihn. Das hat mit großer Unterhaltung nichts zu tun, aber muss Fußball das immer sein? Reicht es nicht, dass da zwei Mannschaften mit recht talentierten Fußballern neunzig Minuten lang von links nach rechts laufen und der Spielmacher ein träger Sack ist, der erst in der zweiten Halbzeit sein Können präsentiert, obwohl es da längst zu spät ist? Der kleine blonde Stürmer soll übrigens mal die Freundin vom Mittelfeldspieler gebumst haben, deshalb kann der Geisinger ihn nicht leiden. Max holt noch ein Bier, Eddies Blick geht ins Leere, vielleicht denkt er an Fifa 98.

Zur Pause beobachten wir die Menschen, die sich zu diesem Spiel verirrt haben. Nachher werden sie wieder nach Hause fahren und vielleicht ein paar Knödel essen oder sich mit dem vereinseigenen Shampoo die Haare waschen. Wir stehen etwas erhöht auf dem Grashügel hinter einem der Tore und schauen auf den Rasenplatz. Ohne Fußball hätten wir uns nie kennengelernt, wären wir gestern nicht während der »Langen Nacht von Marktredwitz« in der Stadt unterwegs gewesen, um uns zu betrinken, hätte es Marseille und die schöne Erinnerung an den Sieg gegen die Kanadier und Australier nie gegeben. Wären wir jetzt nicht hier, um zusammen die Niederlage von Sokolov zu beobachten. Fußball macht aus fremden Menschen Kumpels, die zusammen Knödel essen und Bier trinken. Das ist es, was den Sport im Inneren zusammenhält. Wie viele Bekanntschaften wohl durch den Fußball geschlossen worden sind? Wie viele verrückte Geschichten hat die gemeinsame Leidenschaft hervorgebracht? Und das jedes Wochenende, jeden Spieltag aufs Neue?

Auf dem Parkplatz vorm Stadion, kurz vor der Abfahrt, bekomme ich ein selbst gemaltes Banner geschenkt. Sektion: großartig. Zurück im Frankenland wartet Max' Mutter mit lecker Suppe. Wir tunken Brot in heißes Wasser, schauen dabei Fußball auf dem Tablet und im Keller wartet schon wieder Fifa 98. Ohne den Fußball säßen wir jetzt nicht hier, ohne ihn gäbe es so viele wunderbare Bekannt- und Freundschaften nicht und ich hätte nie Bier in Sokolov getrunken. Das ist eine schöne Erkenntnis: Am Sport als sozialem Schmiermittel wird kein Investor der Welt etwas ändern können. Und wenn man dafür erst über die tschechische Grenze fahren muss.

9. KAPITEL

BOCHUM

*In dem der Autor eine Koksnase in einem Film über
Fußball, Kuttenfans und das Ruhrgebiet spielt und
dabei sogar Jesus kennenlernt.*

Auf dem gefliesten Boden sieht ein Mann mit langen blonden Haaren auf allen Vieren seiner Bestra-
fung entgegen. Er trägt eine schwarze Lederhose mit
Schlaufen an der Seite und eine Jeanskutte mit allerlei
Aufnähern, die dem VfL Bochum huldigen und andere Vereine mit Tieren vergleicht. Hinten auf seinem
Rücken prangt ein pizzagroßes Wappen vom VfL und
genau dort, wo das blau endet und das weiß übernimmt, drückt sich in diesem Moment ein High Heel
in den Rücken des Knienden. »Ja, Herrin«, säuselt der
Kuttenträger mit den langen blonden Haaren und ge-
nannte Herrin drückt ihren beeindruckenden Schuh
noch tiefer ins Wappen des VfL. Sie trägt ein schwarz
glänzendes Ganzkörperoutfit aus Latex, oben rum
strenge Schminke und Pferdeschwanz. Neben ihr
wartet eine Dame mit rotem Latexkleid und Peitsche.
Wo bin ich hier?

Ein Filmset in Witten, tiefstes Ruhrgebiet, eine halbe Autostunde von Bochum entfernt. Gedreht wird der Film *Pottoriginale – Roadmovie*, der erste Spielfilm von Gerrit Starczewski, Bochum-Fan, Fotograf, nun auch Filmemacher. Gerrit hatte mit *Pottoriginale 1* und *2* den unbesungenen Helden aus der Kurve ein Denkmal gesetzt. Seine beiden Hauptdarsteller – Thomas a.k.a. VfL Jesus, jener blonde Mann, der sich im Keller stiefeln lässt, und Michael a.k.a. Tankwart a.D. – kennt Gerrit seit seiner Kindheit, schon damals waren sie bei jedem Bochum-Spiel, schon damals trugen sie Kutte, Leder oder Schnauz und schon damals kannte sie jedes Kind. Solche Typen findet man vermutlich nur beim Fußball, viele von ihnen trinken und rauchen zu viel, haben zu viele Haare, zu viele Aufnäher auf der Kutte ... zu viel im Vergleich zu was? Den Normalos. Aber normal wollten Typen wie Thomas und Michael nie sein, deshalb wurden sie zu Jesus und Tankwart. Manche Menschen nennen solche Typen Loser, andere sagen: Originale. Thomas und Michael war das bislang ziemlich egal. Jetzt wollen plötzlich alle Autogramme und Selfies. Gerrits Doku-Hommage hat sie weit über Bochum hinaus bekannt gemacht und das haben sie nun davon. »Hömma«, sagt der Tankwart und die Oberlippe zieht den Schnauzbart nach oben, »ich kann nich' ma' in Ruhe mein Bier saufen, ohne dass einer 'n Foto will!«

Gerrit Starczewski hat aus diesen Jungs Stars gemacht. Und eigentlich findet der Tankwart das gar nicht so scheiße. Sonst wäre er nicht hier. Und sonst hätte er mir nicht zur Begrüßung eine Autogrammkarte und ein DIN A5-großes Portraitfoto mitgebracht, das ihn auf der Rückseite als staatlich geprüften Fiege-Pilstrinker ausweist – »Ausgestellt von Pottoriginal Tankwart a.D.« Michael trägt einen schwarzen Anzug mit Krawatte, was er sonst nie tut, seine Frau hat ihn am Morgen gar nicht wiedererkannt. Draußen steht ein orangefarbener Manta. Mit dem sind der Tankwart und sein Kumpel Jesus heute zum Dreh gefahren.

Zurück in den Keller. Der befindet sich in einem umgestalteten alten Bauernhaus am Rande von Witten. Auf der riesigen Wiese hinter dem Haus grasen Pferde und Störche eiern durch die Gegend. Mit dem Bauern und seinem Haus verbindet diese Gebäude nur mehr die Fassade, sein Besitzer hat fast dreißig Zimmer reingebaut, überall stehen Sofas, Matratzen, Betten, eine einheitliche Innenarchitektur ist nicht zu erkennen. Es ist, als habe ein kreativer Geist verschiedene Epochen, Stile und Moden in eine Büchse gestopft und sie mit einer Schrotflinte in die Zimmer geschossen. Ich erfahre, dass in diesem Haus regelmäßig Swingerpartys stattfinden. Ach so. Die vielen Betten und Sofas haben bestimmt eine Menge zu erzählen. Im gefliesten Keller, dort, wo Thomas gerade auf Händen und Füßen einer Regieanweisung lauscht, hängen Rüstungen und Schilder an der Wand, hinter den beiden Dominas wartet ein kalter Kamin auf die nächsten nächtlichen Amüsements. Jesus auf Knien, dahinter Frauen aus Latex – welch ein Anblick.

In der nächsten Szene springt Hausherr Anthony Arndt ins Bild und hat seinen großen Auftritt. Anthony spielt Anthony, den Herrenausstatter, und die schöne Frau im schwarzen Ganzkörperlatex ist seine Tochter. Also im echten Leben. In diesem, das ein Schauspiel ist, bekommt sie einen Anschiss vom Herrenausstatter, der ganz und gar nicht damit zufrieden ist, dass der VfL-Jesus auf den Fliesen kniet und offenbar dominiert werden will. Selten hat ein Herrenausstatter eine flammendere Eloge auf die unterjochte Männlichkeit gehalten und weil dieser Film vor allem Improvisation und erhoffter Wahnsinn ist, unterstreicht Anthony, der Herrenausstatter, seine Wutrede mit einem spektakulären Auftritt. Es geht um Sex von hinten und Anthony brüllt, während er die dazugehörigen Bewegungen im Stehen vorspielt und dabei auf seine Latextochter zuhüpft: »Doggy, doggy, dog, dog!« Alle sind begeistert, weil das tatsächlich schön durchgeknallt und ziemlich lustig war. »Mach das noch einmal«, bittet Gerrit. Und Anthony doggydoggydogdoged, bis er nicht mehr kann und die Szene im Kasten ist. Jesus ist erlöst, die armen Frauen in Latex schwitzen.

Neben mir sitzt Sven und kommt nicht auf den Auftritt seines Kumpels Anthony klar. Sven arbeitet für einen Energieversorger und ist DJ. Früher hatte er mal einen Klub, aber der musste dicht machen, als die Behörden nach der Love-Parade-Katastrophe seinen Laden unter die Lupe nahmen und die Umbauten ihn 100 000 Euro gekostet hätten. Sven ist wie Anthony, wie Gerrit, wie Tankwart, Jesus und Uwe Fellensiek Bochumer. Er, Uwe und Anthony haben noch zwei weitere namhafte Kumpels: Ralf Richter und Claude-Oliver Rudolph. Alle in Bochum aufgewachsen. Diese Stadt scheint ein guter Ort zu sein, um ein wenig speziell zu werden. Sven sieht aus, wie man sich den freundlichen Mitarbeiter eines Energieversorgers vorstellt. Aber vor kurzem fuhr er mit seinem goldenen Hummer durch Gelsenkirchen, mit im Auto waren sieben Blondinen und irgendwann stellte Sven fest, dass er die ganze Zeit das Blaulicht seines Hummer hatte leuchten lassen. Seinen Hummer hat er auf einer Versteigerung erworben – Vorbesitzer ist der FBI-Chef von L.A., der offenbar ein Faible für schrille Auftritte hat. Sven hat noch neun weitere Autos, darunter einen Porsche und eine Corvette. Mit diesen Autos verdient er Geld. Er verleiht sie für Filme, Geburtstagspartys oder an Freunde. Man kann ihn als Fahrer seines Hummer mieten, zum Beispiel für einen Junggesellenabschied. Dann trägt Sven seine FBI-Schutzweste, seine FBI-Polizeimarke und seinen

FBI-Ausweis. Die Marke ist echt. Sven kennt da Leute. Er wird regelmäßig gebucht und hat die Knete für seinen teuren Autos längst wieder drin. Manche Menschen wissen eben, wie es geht.

Sven war so nett und hat meine Schwester vom Bahnhof in Witten abgeholt. Annabelle ist fünf Jahre jünger als ich, von ihr war bereits im ersten Kapitel die Rede. Uns verbindet sehr viel, unter anderem die Liebe zu *Manta, Manta*, jener Raser-Huldigung mit Til Schweiger in der Rolle als liebenswerter Manta-Proll Berti. So nenne ich übrigens meinen Bruder, während er mich Klausi ruft, eine andere Figur aus besagtem Film. Aber das nur am Rande. Als Gerrit mir eine Szene in seinem Film in Aussicht stellte, erklärte ich ihm, dass ich das eigentlich nur mit meiner Schwester machen könne und er fand die Idee gut. Deshalb hat sie sich heute freigenommen und ist mit dem Zug von Berlin nach Bochum gefahren. Man gönnt sich ja sonst nix. Und als sie in Witten am Bahnhof wartete, fuhr ein in Goldfarbe lackierter Hummer mit angestellter Sirene vor und brachte sie ins Bauernhaus mit den vielen Betten und Sofas.

Als ich aus dem Keller wieder nach oben komme, unterhält sich Annabelle angeregt mit dem Tankwart. Anthony stürmt in die Küche und bietet allen einen Drink an. Auf dem Sofa sitzt ein sympathischer Mann, der den Schalke-Johnny spielt und sich gerade den zwölften Joint des Tages dreht. Bianca, die

Tochter von Anthony, wird von den anderen Damen für ihr spektakuläres Aussehen gelobt. Elsa aus Berlin ist sich nicht ganz sicher, ob sie sich einen ersten Weißwein gönnen soll, denn eigentlich ist sie hier, um eine Szene mit Uwe Fellensiek zu spielen. Aber Uwe kommt nicht. Man munkelt, er sei ein wenig eingeschnappt, weil sein Kumpel Anthony mehr Auftritte im Film bekommt, als Uwe angenommen hatte. Außerdem hat er keinen Bock auf die Sexszene mit Elsa, was wiederum Gerrit verrückt macht, schließlich war es Uwes Idee gewesen. Am Ende dieser ganzen Geschichte wird Uwe nicht auftauchen und Elsa sich betrinken.

Warum bin ich hier? Weil dieser Tag Aussicht auf große Unterhaltung bot und sein Versprechen einhalten wird. Und weil ich Gerrit und seine Pottoriginale persönlich kennenlernen wollte. Gerrit macht seit vielen Jahren Bilder aus der Kurve und von den Fußballplätzen dieses Landes, er hat ein Herz für all die positiv Bekloppten und ein Auge für das Urtümliche in diesem Sport. Er kann mit den Entwicklungen der vergangenen fünfzehn Jahre genauso wenig anfangen wie ich. Für ihn ist Fußball Sehnsuchtsort für Fantasten, Verrückte, einsame Herzen, Betrunkene, Bekiffte, Verliebte, für all die Helden und Antihelden der sogenannten Unterschicht. Gleichzeitig ist er mit Schauspielern, Künstlern, Musikern und schönen Frauen befreundet und weil auch das Fantasten, Verrückte, Helden und Antihelden sein können, hat er beide Lager zusammengebracht und dreht mit ihnen einen Film. Was immer daraus werden wird, allein die Idee und sein Enthusiasmus haben Support verdient. Gerrit ist für dieses Projekt ein finanzielles Wagnis eingegangen, seinen Kameramann will er mit dem Geld bezahlen, dass bei der Premiere in Bochum eingenommen wird. Er ist nicht nur Regisseur, er ist auch Spekulant und Glücksritter. Und wer kann an diesem Tag schon sagen, ob das Publikum den Film mögen wird?

Gerrit selbst wäre ein Kapitel in diesem Buch wert. Er ist auch so eine Type, dazu Nostalgiker, Romantiker und ein bisschen versaut. Er liebt seinen VfL, aber er liebt eigentlich alle Fußballfans, die auf sympathische Weise einen an der Waffel haben und so über Fußball denken wie er. Am Ende dieses langen Tages werden seine Nerven stark strapaziert sein, Gerrit hat sich keine Pause gegönnt, musste mit den Macken seiner Schauspieler und Bochum-Fans klarkommen und einen Plan nach dem anderen über den Haufen werfen. Oder liegt es an der schauspielerischen Darbietung von Annabelle und mir? Denn tatsächlich sitzen wir irgendwann vor der Kamera und spielen zwei Menschen, die auf der Couch lümmelnd den Abend planen und sich dafür etwas Koks besorgen wollen. In der nächste Szene treten wir draußen an der Straße an den orangefarbenen Manta heran und stecken dem

Tankwart einen Hundert-Euro-Schein zu. Zwei namenlose Koksnasen, die sich aus einem Manta heraus Traubenzucker andrehen lassen. Jeder fängt mal klein an.

Macht einfach mal, hatte Gerrit gesagt und das haben wir. Dieser ganze Tag wirkt wie eine einzige lange Szene in einem ziemlich durchgeknallten Film, bei der jeder nach Gutdünken improvisieren darf. Ich trinke ein Bier mit dem Tankwart, rauche mit Schalke-Johnny und spreche mit Sven über große Autos. Die Stimmung wird immer gelöster, weil die meiste Arbeit getan ist und in diesem Haus nicht ohne Grund ab und an Swingerpartys stattfinden – Anthony weiß, wie man sich als guter Gastgeber zu verhalten hat. Annabelle und ich freuen uns diebisch, weil wir in unseren Szenen gleich mehrere versteckte Insider untergebracht haben, einen kleinen Gruß an Familienmitglieder inklusive. Irgendwann geht der Tag vorbei, wir müssen noch unseren Zug nach Berlin bekommen, Schalke-Johnny fährt uns zum Bahnhof, na klar.

Was hat der Fußball mit all dem zu tun? Nun, er hat wieder seine größte Stärke gezeigt und die unterschiedlichsten Menschen zusammengebracht: Arme und reiche, normale und bekloppte, alte und junge, Kuttenträger und Sexparty-Veranstalter. Dieser Drehtag war nichts anderes als ein in andere Szene gesetztes Abbild dessen, was seit Jahrzehnten Woche für Woche auf Fußballplätzen zu beobachten ist. Gelebter Wahnsinn. Ganz und gar nicht normal und langweilig. Ein großer Haufen Originalität. So wie eigentlich jeder Spieltag ein einziger Spielfilm ist, mal Trash, mal großes Kino, fast immer unterhaltsam. Es waren stets die kleinen verrückten Streifen mit wenig Budget und einer guten Portion unprofessionellem Wahnsinn, die den Zuschauern ans Herz gewachsen sind. Kleine Erinnerung an alle, die glauben, dass man mit Geld alles kaufen kann.

Wir verabschieden uns von allen. Umarmen Latexladys und Kuttenträger im Anzug. Der Tankwart kann nicht aufhören, meine Schwester zu loben, er ist hin und weg. Draußen steht der Manta und wartet auf seinen nächsten Einsatz. Später werden Thomas und Michael damit zurück nach Bochum fahren und bestimmt viele Autofahrer glücklich machen. Im Hintergrund eiern die Störche durch das Gras. Und der erste Drehtag meines Lebens geht zu Ende.

10. KAPITEL

BERLIN-WEDDING

In dem der Autor mit 42 anderen Menschen ein Kreisligaspiel besucht, um den Schiedsrichter anzufeuern.

Vor zwei Jahren saß ich mit meinem Mitbewohner auf dem Balkon, wir sprachen über Fußball. Wir waren gut drauf, und wenn wir gut drauf sind, kommt am Ende meist irgendeine bescheuerte Idee dabei heraus. Allerdings bleiben die allermeisten dieser Ideen lediglich Ideen und schaffen es nie aus unseren Köpfen in die Wirklichkeit. Was meistens auch gut ist. In diesem Fall war es anders. Aus der Theorie wurde Praxis und am Ende berichtete die halbe deutsche Presselandschaft darüber. Womit wir nicht wirklich gerechnet hatten.

Die Idee war folgende: Wir gründen die absurdeste aller Fangruppierungen im Fußball, nämlich eine, die Schiedsrichter supportet. Ganz im Stile der bestehenden Ultragruppen von Rostock bis Freiburg entwerfen wir Gesänge, Banner, Botschaften – die ganze Palette der kurvengesteuerten Unterstützung. Wir nennen unsere Gruppe »Brigade Hartmut Strampe«, weil »Brigade« so sehr auf die Kacke haut und der ehemalige Bundesligaschiri Hartmut Strampe erstens einen so autoritär klingenden Namen hat und zweites auch so aussieht, als würde er sehr gerne Regeln einhalten beziehungsweise dafür sorgen, dass andere Menschen das ebenfalls tun. Und genau diese Idee wurde dann Wirklichkeit. Wir gaben uns das Versprechen: Wir verteidigen die Ehre der Schiedsrichter, wenn es denn schon sonst keiner macht.

Schon auf dem Balkon sangen wir die ersten Sprechchöre für unsere zukünftige Schiedsrichter-Bewegung und entwickelten Sprüche, die tatsächlich auf Stoff gedruckt wurden: »Schiri, wir wissen, wo dein Auto stand – ist aufgetankt, ist aufgetankt!«, »Der hat schon Gelb!«, »Wer nicht hüpft, der ist parteiisch«, solche Sachen. Wir gingen glücklich schlafen.

Einige Zeit später bot ich meinem damaligen Arbeitgeber den Irrsinn an. Ich durfte ein wenig Geld in die Hand nehmen, unser Grafiker bastelte ein paar hübsche Entwürfe, ich suchte ein paar willfährige Mitstreiter und am Ende standen wir mit zwanzig Leuten im Berliner Olympiastadion beim Spiel der Hertha gegen den VfB Stuttgart und feuerten Schiedsrichter Tobias Stieler an. Bis auf einen besoffenen Herthaner, der uns für Anhänger von Dynamo Dresden hielt und uns zum Faustkampf aufforderte, fanden die Leute das kurios bis unterhaltsam. Die Existenz unserer Schiedsrichter-Fangruppierung wurde immer bekannter, nachdem ich unter falschen Namen diversen Medien Interviews als vermeintlich größter Freund der Unparteiischen gegeben hatte. Unsere Facebook-Seite wuchs in kürzester Zeit auf über 5000, später 10 000 Follower an. Der Bezahlsender Sky meldete sich und wollte uns beim nächsten Spiel begleiten, also wählte ich ein Oberligaspiel in Lichtenberg aus, trommelte wieder ein paar Jungs zusammen und inszenierte fürs Fernsehen leidenschaftlichen Support, der schließlich in einen mehrminütigen Beitrag für die Nachrichtensendung des Kanals verwurstet wurde. Einen ähnlichen Auftritt legten wir Wochen später für RTL und Arte hin, aber irgendwie war die Luft da ein wenig raus. Jedenfalls für mich. Die mediale Inszenierung nahm der Brigade ziemlich die Sexyness. Ich ließ das Projekt erstmal einschlafen.

Im Zuge der Arbeit an diesem Buch dachte ich erstmals ernsthaft an ein Comeback. Die Facebook-Seite hat inzwischen über 11 000 Freunde, noch immer hauen sich die Leute weg, wenn ich ihnen von der Brigade erzähle oder sie sich Videos anschauen, auf denen wir »Jung, neutral und gutaussehend!« oder »Sie bleiben ihrer Linie treu – Assistenten!« singen. Es wurde mal wieder Zeit für einen Auftritt der Schiedsrichterfans. Ganz ohne mediale Begleitung, gänzlich befreit von einem redaktionellen Auftrag, einfach der

Besuch eines Fußballspiels, um den Schiedsrichter anzufeuern. Ich suchte nach einem passenden Spiel und einem passenden Kandidaten. Ich dachte daran, einen Reisebus zu mieten, um nach Lüneburg zu fahren, weil dort der Sohn des inzwischen pensionierten Hartmut Strampe, Tim Alexander Strampe, pfeift. Im Geiste sah ich uns schon »Du bist der Sohn einer Strampe!« grölen, doch das Risiko, in einem halbvollen Bus nach Niedersachsen zu eiern, um letztlich auf den Kosten sitzen zu bleiben, war mir doch zu groß. Via Facebook rief ich unsere Unterstützer dazu auf, Geschichten von Schiedsrichtern zu erzählen, die es wert seien, besucht und geehrt zu werden. Inzwischen hatte ich einen hübschen Pokal erstanden, eine silberne Pfeife auf einem Podest, und dazu eine Plakette entwerfen lassen: »Schiri des Jahres«. Für die brauchten wir jetzt einen Abnehmer, vielleicht sogar einen Unparteiischen aus Berlin. Schließlich landete diese Nachricht im Brigade-Postfach, verfasst von einem User mit dem Namen Nur Pink-Martini:

»Ich weiß nicht, wie viele Hinweise auf Weltklasse-Schiedsrichter, die in der Berliner Region ihren Wirkbereich haben, bei euch so eingehen, aber ich möchte euch folgenden Ehrenmann nicht vorenthalten. Wir haben uns beide durch unser Engagement am FHXB-Museum am Kotti kennengelernt und so kam es zum fußballerischen Fachgespräch. Andreas Winter pfeift u.a. in der

1./2. Herren Kreisliga C St.3. So leitete er auch am 30. 04. 2017 die Partie zwischen dem SV Norden-Nordwest II und dem FC Grunewald und bekam dabei übel auf die Fresse! Um einem guten fairen Kreuzberger den Rückhalt zu geben, den er verdient, würde ich mich um eine Rückmeldung freuen, ob man Herrn Winter an einem Spieltag mit tosendem Beifall begleiten kann!?:) Ich hefte den Sonderspielbericht an sowie die Daten zu seinen nächsten Einsätzen. MfG und ich hoff ich geh euch mit der Mail nicht auf'n Sack! Gut Kick!!:)«

Ich las mir den Bericht durch. Sportkamerad Winter, hieß es da, hatte einen Spieler verwarnt, der arg gefrustet war und sich später auswechseln ließ. Was dann in dem Mann vorgegangen sein muss, kann man nur erahnen, vielleicht waren die Duschen kalt, oder das Bier schal oder ihm war tags zuvor die Herzensdame davongerannt, jedenfalls stellte er sich an die Seitenlinie und beschimpfte den Schiri: »Du pfeifst doch die ganze Zeit nur Scheiße, du Hurensohn!« Als das Spiel beendet war, stürmte er mit den Worten »Dich schlag ich jetzt!« auf den Rasen und schlug den Pfeifenmann zu Boden. Für Andreas Winter endete dieser Kreisligaspieltag mit einer schweren Jochbeinprellung und einem sehr unguten Gefühl im Magen.

Solche Vorfälle sind keine Seltenheit. Schiedsrichter haben kein Problem damit, angepflaumt zu werden oder einen ganzen Sportplatz gegen sich zu haben, denn auch darin liegt der Reiz der Pfeiferei. Ich selbst habe unzählige Male gegen Schiedsrichter gewettert, beim Fußball, diesem Spiel der großen Emotionen, erfüllen sie die Rolle des Blitzableiters und solange das alles im Rahmen bleibt, ist das vollkommen okay. Aber Beleidigungen oder gar Schläge oberhalb der Gürtellinie gehen nun einmal gar nicht, passieren aber sehr häufig auf deutschen Amateursportplätzen. Den Faustschlag jenes Wüterichs hatte Schiedsrichter Winter deshalb stellvertretend für so viele seiner Kollegen kassiert.

Wir hatten unseren Mann gefunden. Am 15. Oktober sollte er wieder ein Spiel leiten, diesmal auf einer Anlage im Wedding, WFC Corso 99/Vineta gegen die zweite Mannschaft vom TSV Lichtenberg II. Klanghafte Namen, Fußball von ganz unten, herrlich. Ich trommelte via Facebook und WhatsApp für die Veranstaltung, bestellte neue Sticker (»Gegen das moderne Freistoß-Spray«), fügte unserem hübschen Fahnensortiment ein weiteres hinzu (»Heute ist ein guter Tag, um Geschichte zu pfeifen«), holte die Schiritrikots, Linienrichterfahnen, gelbe und rote Karten, die Schals (»Brigade Hartmut Strampe – Unparteiisch since 2015 / Gekommen um zu pfeifen«) und die Trillerpfeifen aus dem Keller und wartete auf jenen Sonntag im Oktober.

Als der Tag gekommen war, war ich sehr aufgeregt. Mit meinen Fahnen und Pfeifen und dem ganzen

Krempel wartete ich um zehn Uhr morgens am Späti auf meinen Bruder und trank Bier mit drei Jungs, die die Nacht durchgefeiert hatten und sich noch immer nicht sicher waren, ob sie nach Hause gehen oder noch ein Pils bestellen sollten. Einer von ihnen, ein offenbar zugelaufener ukrainischer Tourist, wurde aus dem Laden geschmissen, weil er kurz davor war, die Drucker im Computerraum mit Urinalen zu verwechseln. Ich erzählte meinen neuen Freunden von unserem Plan. Dass ich in den Wedding fahren würde, um mit ein paar Bekannten und einer mir nicht bekannten Anzahl an fremden Unterstützern einen mir unbekannten Schiedsrichter anzufeuern. Da nickten sie langsam und wünschten mir viel Erfolg. Schließlich fuhr mein Bruder vor. Im Kofferraum hatte er seine neueste Erfindung stehen, einen umgebauten Bollerwagen, der ein komplettes Sound- und Lichtsystem mit einer Karaokemaschine und der Möglichkeit, unzählige alte Videospiele zu zocken, kombiniert. Weil mein Bruder Ole heißt, hat er das Teil Karaole genannt und vielleicht ist er damit schon reich geworden, wenn dieses Buch erscheint. In diesem Auto voller Spielzeug fuhren wir also durch die Stadt.

Als wir den gegenüber von der Sportanlage liegenden Park erreichten, waren es noch neunzig Minuten bis zum Anpfiff um halb eins. Die ersten Schirifans tauchten auf: drei junge Leipziger, die sich um sieben Uhr morgens in einen Fernbus gesetzt hatten, außerdem ein noch jüngerer Mann aus dem Allgäu, der bereits einen Tag zuvor angereist war, um bei diesem Spiel dabei zu sein. Immer mehr Menschen, die ich nie zuvor getroffen hatte, trudelten ein, darunter auch der Mann, der sich hinter dem Pseudonym Nur Pink-Martini versteckte. Wir stellten fest, dass er bereits bei unserem dritten (und bislang letzten) Auftritt im Berliner Jahnsportpark zugegen gewesen war und damals einen weiteren wunderbaren Schiri-Gesang erfunden hatte: »You'll never judge alone«. Schließlich stand ein Mann im schwarzen Anzug und Mehrtagebart vor mir, an dessen Brust eine kleine Ehrennadel vom Berliner Fußball-Verband geheftet war. Für fünfzehn Jahre Tätigkeit als Schiedsrichter. Der Held des heutigen Tages: Andreas Winter. Er sagte kurz Hallo, outete sich als Brigade-Fan, schulterte seine Tasche und verabschiedete sich. Es war auch für uns an der Zeit, das Spektakel beginnen zu lassen. Die Karaole hinter mir her ziehend, eine inzwischen auf zwanzig Unterstützer angewachsenen Gruppe im Schlepptau, marschierte ich auf den Sportplatz, begrüßte Bier trinkende und sichtlich verwirrte Fußballer und deren Gefolge, fand einen hübschen Platz hinter der Bande und hängte unseren Banner auf. Die Sonne schien uns ins Gesicht, das Bier war kalt, alles war bereitet für einen herrlichen Fußballsonntag.

Aus den Boxen dröhnte der Song des Tages: Rudi Carrell mit »Wann wird's mal wieder richtig Sommer?«, selbstverständlich abgewandelt in »Wann wird's mal wieder richtig Winter?«. Als kurz nach dem Anpfiff die letzten Brigadisten den Sportlatz erreicht hatten, war unsere Gruppe auf 43 Teilnehmer angewachsen, und mehr als die Hälfte von diesen Menschen war mir völlig unbekannt. Ich reichte ihnen Sticker und verteilte Buttons wie Kamelle an Karneval. Drückte Wildfremden die langen Fahnenstangen in die Hand, die ich ein paar Tage zuvor im Baumarkt besorgt hatte. Trank auf die Schnelle zwei Bier, um die Aufregung in den Griff zu bekommen. 42 Menschen zu Gesängen über die Unparteilichkeit zu motivieren, gehört normalerweise nicht zu meinem täglich Brot. Doch irgendwann, so hatte ich es mir erhofft, verselbstständigte sich das Spektakel, von allen Seiten posaunte irgendwer irgendwelche neu gebastelten Reime in Richtung Kunstrasen und der Rest trompetete mit: »Wir sind hier, wir sind laut, weil ihr sonst den Schiri haut!« oder »Sie könn' euch um die Ecke bringen – Assistenten!« oder »Say it loud, say it clear, referees are welcome here!«. 43 Schiedsrichterfans auf einem Platz, der ansonsten von vielleicht zwanzig Menschen besucht worden war. Nach kurzer Eingewöhnungszeit hatten auch die Spieler begriffen, warum und weshalb wir hier waren. Eine neunzigminütige Spaßveranstaltung, die den Beteiligten ein Dauergrinsen auf die Gesichter schweißte und dafür sorgte, dass der vor wenigen Monaten noch schwer vermöbelte Andreas Winter sich wie ein Rockstar fühlte, während er Abseitsentscheidungen fällte und Verwarnungen aussprach.

Natürlich war das Satire. Und gleichzeitig auch nicht. Dieser Tag war eine kuriose Würdigung einer Gilde, die vermutlich noch unbeliebter ist als Stechmücken und Parkraumüberwacher, und ohne die kein Fußballspiel zustande kommt. Lautstarke Erinnerung daran, wofür der Fußball gut sein kann: Bier in der Sonne trinken, zusammen singen, Menschen zusammenbringen, Menschen glücklich machen. Und ein sichtbarer Auftritt dafür, dass das Spiel deshalb so besonders und verrückt sein kann, weil die Zuschauer das wollen. »Reclaim the game« heißt einer der schönsten Wahlsprüche derer, die nicht nur Fußballspiele sehen, sondern sein wollen. Das taten wir an dem Tag – natürlich jederzeit neutral und äußerst friedlich.

Nach dem Spiel tranken wir Bier mit Andreas, der, wie uns ein Beobachter des gastgebenden Vereins später bestätigte, ein großartiges Spiel abgeliefert hatte (»Sonst pfeift der nur Scheiße!«) und lediglich mit einem einzigen Lichtenberger aneinandergeraten war, der einfach nicht hatte begreifen wollen, warum draußen ein Haufen Menschen laut geworden war. Und weil dem lieben Fußballgott das Spektakel gefallen hatte, schickte er kurz darauf einen Vertreter der

Nachfolgemannschaften zu uns an die Bande, der den unparteiischen Hero fragte, ob er nicht noch ein Spiel pfeifen wolle, der bestellte Schiedsrichter habe kurzzeitig abgesagt. Adrenalin und Bier schienen unseren Winter unkaputtbar gemacht zu haben, also schob er zweimal dreißig Minuten auf dem Kleinfeld nach, während wir mit der Karaole umzogen, der Sonne und dem Schiri nach.

Ich aber hatte alles gegeben, noch ein Spiel als Einpeitscher war nicht drin. Wie ein guter Schiri ließ ich es einfach laufen, eine beachtliche Anzahl an Brigadisten war geblieben und ab und an sang einer ein Loblied auf die Neutralität oder die Körpersprache des Winters, während aus den Boxen »Sunshine Reggae« und »Always Look on the Bright Side of Life« dudelte, die Fahnen im lauen Lüftchen wehten und Spieler von Vineta auf unserer Wundermaschine Fifa 98 zockten. Es war einfach schön. Und längst hatten sich auch die Gastgeber in uns verknallt, ich musste viele Hände schütteln und Komplimente entgegennehmen wie »Geil, einfach nur geil. Kommt ihr nächste Woche wieder?«. Dem Wirt der kleinen Getränkelaube neben dem Umkleidetrakt hatten wir den Alkohol weggetrunken, und als kurz vor dem Aufbruch »Nur nach Hause geh'n wir nicht« aus der Karaole dröhnte, sangen selbst die schweigsamsten Weddinger Kreisligafußballer in ihren weißen Plastikstühlen selig mit.

Als Andreas Winter das zweite Spiel über die Bühne gebracht hatte, fuhr ich nach Hause. Ich war am Ende. Zu viele Emotionen, zu viel organisatorische Kraft, zu viel Adrenalin, vermutlich auch zu viel Bier gegen die Aufregung. Meine unverwüstlichen Geschwister und ein letzter Rest aber fuhren gemeinsam mit dem Schiedsrichter an die Spree, tranken ein paar Scheidebecher und sahen der Sonne beim Untergehen zu. Was für ein Tag.

Wenig später traf ich Andreas in einem kleinen Park in Friedrichshain zum Interview. Er textet ab und an für die *Kreuzberger Trillerpfeife*, eine Zeitung für Schiedsrichter. Und während mein Hund versuchte, diverse sexuelle Übergriffe anderer Vierbeiner abzuwehren, beantwortete ich dem Mann, den ich hatte besingen lassen, Fragen über den Ursprung und die Idee hinter dieser besonderen Singerei. Derweil sich die Menschen im Internet über unsere Fotos und Videos freuten. Fußball, dachte ich, ist noch immer eine ganz wunderbare Erfindung, wenn es darum geht, die unterschiedlichsten Menschen gemeinsam für etwas wunderbar Unwichtiges zu begeistern. Man kann das Spiel natürlich dafür nutzen, um Geld zu verdienen oder Geld auszugeben, man kann es dafür nutzen, anderen Menschen die Fresse zu polieren oder einfach ein bisschen Dampf abzulassen. Man kann sich ein Ei darauf pellen, wenn der eigene Verein Meisterschaften und Pokale gewinnt. Oder man macht sich einfach eine schöne Zeit und erlebt Geschichten, die auch in ein paar Jahren noch Unterhaltungswert genießen. Wie diese aus dem Berliner Wedding im Oktober 2017.

11. KAPITEL

STUTTGART

*In dem der Autor einen Mann kennenlernt, der ihm
beweist, wie grenzenlos die Zuneigung zum Fußball sein kann.*

Als Lutz von seiner Kindheit in der DDR erzählt, fällt
ihm dieser Witz ein:

Walter Ulbricht und sein Fahrer überfahren eine
Gans.

»Weiterfahren!«, befiehlt Ulbricht.

»Das sollten wir lieber melden«, meint der Fahrer.

»Gut, ich übernehme das«, sagt Ulbricht und geht
in das dazugehörige Bauernhaus. Mit zerhauener
Fresse kommt Ulbricht raus. Die Fahrt geht weiter.

Kurze Zeit später überfahren sie ein Schwein.

»Melden Sie das mal lieber«, sagt Ulbricht.

Der Fahrer geht und kommt mit Blumenkränzen
um den Hals und Schinken im Arm zurück.

Verdattert fragt Ulbricht: »Was haben Sie denen
denn erzählt?«

Sagt der Fahrer: »Ich sagte: ›Komme von Ulbricht.
Melde: Das Schwein ist tot!‹«

Darüber muss Lutz noch heute lachen. Den Witz hatte sein Vater richtig gut drauf und mit dem hat er vorhin telefoniert. Es ging um Fußball, nicht um die DDR. Wobei gerade diese beiden Themen in seiner Biografie eng beieinanderliegen. Und das war nicht immer lustig.

Lutz kam 1960 in Dresden zur Welt. Zu DDR-Zeiten nannte man Dresden das »Tal der Ahnungslosen«, weil die Stadt tatsächlich in einer Art Tal liegt und außerdem so weit von der Grenze zur Bundesrepublik entfernt war, dass man kein West-Fernsehen empfangen konnte. Aber auch ohne die ARD bekam jeder Dresdener 1961 mit, wie die Absichten Walter Ulbrichts in Berlin letztlich aussahen. Dabei hatte doch niemand vorgehabt, eine Mauer zu bauen. Es war Ulbrichts schlechtester Scherz. Nach dem Mauerbau wurde es in Dresdener noch enger und unbequemer, vor allem für Menschen, die sich nicht einsperren lassen wollten. »Bei uns«, sagt Lutz, »hat niemand ›DDR‹ gesagt. Bei uns hieß das nur ›Zone‹.« Am ersten Schultag stand der junge Dresdener als einziger ohne Hemd und blaues Tuch um den Hals in der Klasse. Seine Mitschüler zeigten stolz ihre Fotos im Pionierausweis, Lutz hatte nicht einmal das vorzuweisen und bekam vom Lehrer einen Anschiss. »Für die Scheiße gebe ich doch kein Geld aus«, sagte sein Vater, als er ihm abends davon erzählte. Und der Sohn fand das super. Leck mich doch am Arsch, sagte sich der Jüngling und war von da an noch stolzer, ebenfalls gegen den ganzen Scheiß zu sein.

Nur auf Dynamo ließ sein Vater nichts kommen. Und seinen Sohn hatte der Alte schon vor dessen Start in die schulische Karriere infiziert. Dynamo Dresden, das war zwar eigentlich der Verein der Polizei, aber den Fußball wollten sich Vater und Sohn nicht auch noch von den roten Betonköpfen kaputtmachen lassen. Zu Dynamo ging, wer aus Dresden kam und Fußball liebte, nicht die DDR. Als diese bei der WM 1974 für eine Sensation sorgte und die BRD besiegte, saß Lutz mit seiner Familie vor dem Fernseher und war am Boden zerstört: »Das war wie ein Stich ins Herz.« Dass Beckenbauer und Kollegen später Weltmeister wurden, war ein schwacher Trost, die Niederlage gegen die Kommunisten schmerzte lange. Zumal Lutz zu diesem Zeitpunkt schon selbst nicht nur Fußballer, sondern auch Fußballfan war. Als Fußballer schaffte er es im Teeniealter bis in die Kreisauswahl, übrigens gemeinsam mit dem späteren Dynamo-Profi Frank Lippmann, der Jahre später nach der legendären 3:7-Pleite gegen Bayer Uerdingen fliehen sollte. Ein paarmal besuchte Lutz das Probetraining seines geliebten Klubs. Es wurmt ihn bis heute, dass ihm letztlich ein paar Prozentpunkte fehlten, um ein ganz Großer zu werden. Aber nur ein bisschen, die Zeit heilt alle Wunden, aber auch Narben tun ab und an mal weh. Als Fußballfan suchte er sich wie so viele Fußballfreunde im Osten einen Verein aus dem Westen. Denn in der Bundesliga spielten die großen Stars, war der große Fußball zu Haus – und nichts war für einen jungen Fan in den Siebziger- und Achtzigerjahren unerreichbarer als einmal in Bremen, Hamburg oder München in der Kurve zu stehen. Andere träumten von den Rolling Stones, Lutz vom VfB Stuttgart. Aus Stuttgart stammte ein Teil seiner Familie und wenn die Tante aus dem Westen zu Besuch kam, dann stopfte sie die neuen Stiefel für ihren Neffen mit dem aktuellen *kicker* aus – das war wertvoller als jeder Schuh der Welt. Lutz las das Fußballblatt von vorne bis hinten und reichte es dann weiter. So ein Schatz wie der *kicker* ging zu DDR-Zeiten durch Dutzende Hände.

Den VfB fand er auch deshalb so toll, weil ihm die altdeutsche Schrift auf dem Vereinswappen der Schwaben so gefiel. Einmal schmuggelte ihm die Verwandtschaft einen Aufkleber mit in die Zone: »Nicht hupen! Fahrer träumt vom VfB Stuttgart«.

»Aufkleber waren im Osten mit Gold aufzuwiegen«, erzählt er, »wenn ein Auto mit Aufklebern durch die DDR fuhr, konnte man die Uhr danach stellen, bis die abgerissen waren.« Lutz wurde außerdem Fan vom VfB, weil es eine wunderbare Möglichkeit war, den Kommunisten zu zeigen, dass man ihren Staat nicht leiden konnte. Weil alles aus dem Westen im Osten als Propagandamaterial des Klassenfeindes

gewertet wurde, galt das natürlich auch für die Ball-
sportler und ihren »negativ-dekadenten« Einfluss auf
die DDR-Jugend. Eine Steilvorlage für Lutz, der sich
beinahe vor lauter Wut auf das System den eigenen
schulischen Abschluss versaut hätte, wäre da nicht
jener Physiklehrer gewesen, der ihm ins Gewissen
redete: »Du rebellierst, schön und gut, aber wenn du
sitzen bleibst, hilfst du damit niemanden.«

»Musst du gleich am Anfang negativ auffallen?«,
fragte sein Vater, der die Antwort wusste, als er seinen
Sohn dabei beobachtete, der sich am ersten Tag seiner
Lehrzeit den Bundeswehrparka mit der BRD-Fahne
auf den Schultern überzog. Wenn alle vor lauter Angst
oder Überzeugung für den Staat marschierten, wollte
er wenigstens dagegen anrennen. Beim morgend-
lichen Apell in der Berufsschule erhob sich vor Lutz
ein Jüngling, auf dessen Jeans eine Deutschlandfahne
genäht war. Hurra, dachte Lutz, so schlecht wird das
wohl doch nicht. Mit Micha, dem Instandhaltungs-
mechaniker-Lehrling mit der Deutschlandhose, ist er
bis heute befreundet.

Micha ging auch zu Dynamo, Micha hatte auch
was gegen die DDR und natürlich hatte Micha auch
seinen Klub im Westen. Lutz war nicht mehr allein
und der Fußball hatte wieder seine unwidersteh-
liche soziale Power unter Beweis gestellt. Mit Micha
fuhr er quer durch die Zone, um Dynamo spielen zu
sehen und den Staatsorganen bei dieser Gelegenheit

den dicken Finger zu zeigen. Bei den Heimspielen in Dresden schaute man Dynamo, hörte aber die Bundesliga – irgendwer hatte immer ein Radio dabei. Und wenn Stuttgart Tore schoss, brüllte Lutz seine Freude in den Block, weil das einer der wenigen Orte in der DDR war, wo man sowas ungestraft tun durfte. Nur auf Dauer reicht einem Verliebten ein Spiel im Radio nicht. Der junge Fan wollte sehen, riechen und fühlen, was ihn da sein Leben lang so unerreichbar hinter der Grenze beschäftigte. Und auch dabei half der Fußball – beim Grenzen überwinden. Nach Stuttgart oder Kaiserslautern zu fahren war unmöglich. Aber auf eine gute Saison und anschließendes Losglück im Europapokal zu hoffen, das konnte Lutz keiner verbieten. Wieviel mehr Bedeutung dieser Wettbewerb damals für die hinter dem Eisernen Vorhang eingesperrten Fußballfans hatte! Denn die Information, dass im Viertelfinale der Uefa-Cup-Saison 1979/80 der VfB Stuttgart auf Lokomotive Sofia treffen würde, war nicht nur eine Nachricht wie jede andere. Für Lutz öffnete sie das Tor zu einer neuen Welt. Er, Micha und einige andere Mitstreiter eilten in den Tagen nach der Auslosung zu den Behörden, um ein Auslandsvisum zu beantragen. Das zu bekommen, dauerte in der Regel sechs Wochen und zum Glück spielten die Stuttgarter das Hinspiel zu Hause – mehr Zeit für die Abenteurer aus der Kurve.

In einem Liegewagen fuhren sie nach Bulgarien, das

Geld unter dem Kopfkissen versteckt, man konnte ja nie wissen. In Sofia lernten sie andere Fans vom VfB kennen und die kamen wirklich aus dem Schwabenland. Unvergessliche Erinnerungen. Noch schöner war die Reise eineinhalb Jahre später nach Sofia. Da spielte zwar nicht der VfB gegen Lokomotive, aber der 1. FC Kaiserslautern gegen Akademik und vor allem stand Lutz irgendwann mit Lauterns Supermann Hans-Peter Briegel an der Hoteltheke und ließ sich von der Pfälzer Walz die Mitspieler vorstellen. Die den Ossi im siebten Himmel direkt abfüllten. Und als der schon fern von Gut und Böse war, nicht nur vom Glück besoffen, scheuchte ein scharfer Pfiff von FCK-Trainer Kalli Feldkamp die Mannschaft auf die Zimmer. Nicht aber die Walz. »Ich habe ein paar Privilegien«, brummte Briegel, klopfte seinem neuen Freund aus der DDR auf die Schulter und sagte dann: »Jetzt musstest du die ganze Zeit den Scheiß trinken, den dir meine Jungs hingestellt haben. Was ist denn dein Lieblingsgetränk?«

»Whisky«, nuschelte Lutz, bekam den besten des Hauses, und sank, kaum war das edle Gesöff geleert, vor dem Nationalspieler auf den Boden.

»Ich weiß bis heute nicht, was danach passierte«, sagt er. Gut möglich, dass ihn Briegel schulterte und einen besseren Schlafplatz für ihn fand.

Ein Sprung in die Gegenwart, November 2017. Lutz muss kurz durchatmen nach diesen ganzen Erinnerungen, seiner Zeitreise durch sein Leben, in dem der Fußball stets der Motor für all die Abenteuer war, die das Dasein im umzäunten Land ein wenig bunter und freier machten. Er wohnt inzwischen in der Nähe von Stuttgart und arbeitet als Abteilungsleiter bei einem bekannten Oldtimer-Anbieter. Er braucht heute nicht mehr nach Sofia fahren, um mit den Superstars zu tanken, sie kommen jetzt zu ihm. Xabi Alonso war schon hier, um sein großzügiges Geld angemessen in einen fahrbaren Untersatz zu investieren, genau wie Hans Jörg Butt oder Frankreichs Weltmeister Laurent Blanc, der mit Lutz in der Werkstatt Fußball spielte.

Dann fällt ihm noch eine Reise ein, es war das erste Europa-Abenteuer, damals, im Oktober 1978. In Prag spielte die CSSR gegen Deutschland, beim 3:4 der Gastgeber lernte Lutz Willi kennen, mit dem er bis zum heutigen Tage befreundet ist.

Fußball spielt heute nach wie vor eine wichtige Rolle in seinem Leben. Lange Jahre hat Lutz auch selbst gegen den Ball getreten, aber irgendwann waren die Knie hinüber, also trainierte er Jugendmannschaften und seinen Sohn Vinc. Wenn er mit seinem Vater telefoniert, sprechen sie meistens über den VfB oder den HSV, an die einst der Vater sein Herz verlor. Ich habe Lutz kennengelernt, als ich das Buch *Wolle* schrieb, die Geschichte eines Dresdeners, der von der Stasi verfolgt wurde, weil er Fan von Borussia Mönchengladbach war. Er und Lutz trafen sich erst-

136

mals in der Kurve des Dynamo-Stadions, auch Lutz wurde Mitglied in dem von Wolle geführten Bundesliga-Fanklub, der die Stasi doch tatsächlich dazu motivierte, Inoffizielle Mitarbeiter in die Gruppe einzuschleusen. Als der Fanklub zerschlagen wurde, verloren sich Wolle und Lutz aus den Augen. Erst jetzt haben sie wieder Kontakt, denn die Liebe zum Fußball haben sich beide nicht kaputt machen lassen. Jedenfalls nicht von der Stasi und den DDR-Oberen und die haben sich damals richtig ins Zeug gelegt, um Lutz die Zuneigung zu seiner Leidenschaft nachhaltig zu vermiesen, stundenlange Verhöre und Anwerbungsversuche inklusive. In seiner Stasi-Akte durfte Lutz vor einigen Jahren nachlesen, wie gründlich ihn der Geheimdienst insbesondere bei seinen Reisen ins Ausland observierte. Im August 1989, als noch niemand ahnen konnte, dass Monate später tatsächlich Ulbrichts Mauer fallen sollte, durfte Lutz mit seiner Frau und seinem Kind ausreisen. Der Abschied von Familienmitgliedern und Freunden fühlte sich an, als wäre er für ewig.

Was die Stasi und die DDR nicht schafften, wird auch die beständige Kommerzialisierung nicht schaffen: Lutz den Fußball nehmen, der für ihn schon immer so viel mehr war als bloße Unterhaltung. »Ich habe das kommen sehen«, sagt er und meint die Entwicklungen der vergangenen zwanzig Jahre. Er hat sich damals selbst zum Kunden gemacht, weil er als einer der Ersten ein Premiere-Abo abschloss. »Du bist einer von denen, die den Fußball kaputt machen«, sagte ihm einer seiner Freunde und Lutz wusste, dass der Kumpel damit irgendwie Recht hatte. Obwohl er es schon zu DDR-Zeiten ungeheuerlich fand, dass Fußballspieler mehr verdienten als Ärzte, dass man also mit talentierten Füßen privilegierter war, als wenn man Leben rettete, steckte er sein Geld in den Rachen von Premiere und Co., ging auch dann weiter zu seinem VfB, als die Tickets immer teurer wurden, dafür das Bier schlechter und sich selbst die Ersatzspieler seiner Mannschaft die vom ihm gesattelten Luxuskarossen leisten konnten.

»Ich bin ein Rädchen in diesem Getriebe«, sagt Lutz, »der Verantwortung kann ich mich nicht entziehen.« Klar, er könnte Verantwortung übernehmen und dem Sport den Rücken kehren, aber erstens hat er schon so viel protestiert in seinem Leben und zweitens hat ihm der Fußball etwas gegeben, dass auch der zehnte Scheich nicht kaputtkaufen könnte.

Er ist sich allerdings sicher, »dass die Blase Profifußball irgendwann mal platzt«. Das wird ein lauter Knall werden und man wird ihn bis auf die Bezirkssportanlagen hören, auf denen Lutz früher an der Seitenlinie als Trainer stand. Aber zerstören wird es diesen Sport nicht, das ist nicht möglich, sagt Lutz. Niemand hat die Absicht, ihm in dieser Sache zu widersprechen.

12. KAPITEL

DEUTSCHLAND

In dem der Autor mit dem Sprecher von ProFans, der Interessenvertretung für aktive Fan- und Ultragruppen in Deutschland, über den aktuellen Zustand der Fankultur spricht.

Sig, wie würdest Du im Jahr 2017 die Ultrakultur beschreiben?
Das sind die Verrückten, die nichts anderes im Kopf haben als die Unterstützung ihres Vereins. Die 24/7 dem Fußball alles unterordnen. Die ihren Sport nicht als Event oder Produkt begreifen, sondern als Mitmach-Sache. Die nicht Konsumenten sind und sein wollen, sondern Teil des Vereins. Das macht die Ultrakultur einzigartig. So etwas gibt es sonst bei keiner anderen Sportart.

Warum wollen Ultras mitmachen und mitbestimmen?
Ich hatte mal einen Chef, dessen Leitsatz war: »Arbeit schafft Rechte.« Ultras sorgen dafür, dass Fußball zu einem Spektakel geworden ist, also wollen sie auch mitbestimmen, wie ihr Verein organisiert ist, wie ein

Spieltag abläuft und dass die Werte des Spiel erhalten bleiben. Ein sehr pragmatisch-demokratischer Ansatz. Und ganz anders als der, den die Entscheider des Fußballs haben.

Der da wäre?
Dass der, der die meiste Kohle hat, auch sagt, wo es lang geht.

Warum gibt es ausgerechnet beim Fußball so viele enthusiastische Liebhaber?
Es ist ein einfacher und massentauglicher Sport, der sich hervorragend dafür eignet, in großen Gruppen Emotionen auszuleben.

Welche Emotionen bewegen die Fanszenen gegenwärtig am meisten?
Wir fühlen uns missverstanden und das gleich von mehreren Seiten. Von der Politik, von der Staatsmacht und häufig auch von den eigenen Vereinen. DFB und DFL wollen uns die Rolle als Mitgestalter des Fußballs nicht zugestehen. Der DFB, weil er als Verband den deutschen Fußball als sein Eigentum deklariert und in seinem Selbstverständnis von diesem Wunsch auf Mitgestaltung sein Hausrecht verletzt sieht. ,Die DFL, weil sie mit Fußball Geld verdienen will und deshalb in den meisten Fällen nicht das berücksichtigt, was die Fans wollen – sondern tut, was ihrer

Ansicht nach sinnvoll ist, um noch mehr Umsatz zu machen.

Welche Argumente haben sie, wenn es um die Berechtigung dieser Mitgestaltung geht?
Aktive Fans bilden in den Klubs eine nicht unerhebliche Anzahl. Und damit meine ich nicht nur die Ultras, sondern Mitglieder und Fans, die ihren Verein auch bei Auswärtsfahrten begleiten. Bei meinem Verein, Union Berlin, haben wir knapp 18 000 Mitglieder und etwa 10 000 Menschen, die regelmäßig oder unregelmäßig auswärts unterwegs sind. Es sind also nicht nur ein paar Verrückte, die in ihren Klubs mitbestimmen wollen, wie das Spiel zu laufen hat. Sie sehen den Fußball nicht bloß als Veranstaltung, die man einmal in der Woche besucht, sondern bilden eine wichtige soziale Gemeinschaft, die den eigenen Verein als Grundlage hat. Außerdem sind sie sich durchaus bewusst, dass sie es sind, die zur Attraktivität dieses »Produkts« beitragen. Und deshalb ist es ihr gutes Recht, dass sie auch Gehör finden.

Wie wichtig sind diese Fanszenen für die Vereine?
Sie machen inzwischen die Identität der Klubs aus. Früher waren es die Spieler, die ein Leben lang für den gleichen Verein spielten, aber solche Spieler gibt es so gut wie gar nicht mehr. Trainer und Spieler kommen und gehen, Fans bleiben und sie bringen sich ein. Und

das machen sie sogar unentgeltlich. Aber nicht umsonst.

Was sind die Gegenleistungen?
Ein demokratisches Mitbestimmungsrecht. Die Möglichkeit, Spiele zu sehen. Eintrittspreise, die fair und bezahlbar sind. Anstoßzeiten, die sich nicht nach TV-Sendern oder Sicherheitsbedenken, sondern nach den Anreisemöglichkeiten der Zuschauer richten. Die Spieltage sind längst so zerfleddert, dass man die Übersicht verloren hat. Und bei der Planung finden die Interessen der Fans am wenigsten Beachtung.

Ist der Fußball in den vergangenen Jahren fanunfreundlicher geworden?
Ja. Die Veränderungen kamen tröpfchenweise. Die Anstoßzeiten der Spieltage werden von Jahr zu Jahr immer weiter verändert, die 50+1-Regel ist längst von vielen Klubs unterwandert worden und kippt vielleicht bald komplett. Wobei ich mich frage, was Leute vom Schlage eines Martin Kind denn noch wollen, sie haben doch eh schon das Sagen in ihren Vereinen. Der Einfluss der Fans wird immer geringer, der Einfluss der Investoren immer stärker. Da die Vereine dem Konkurrenzdruck ausgesetzt sind, haben sich mehr Klubs dem Geld unterworfen, weil sie sonst sportlich keine Chance mehr hätten. Ein Teufelskreis.

Warum sind die Stadien trotzdem weiterhin voll?
Das ist ein Phänomen. Die Vermarktung des Spitzen-
fußballs funktioniert. Aber das Publikum hat sich verändert. Fragen Sie einen eingefleischten Schalker, der
seit 25 Jahren zu seinem Klub geht. Der hat in jedem
Jahr mehr Eventfans um sich herum und das geht anderen genauso.

Wo ist das Problem mit dem viel zitierten Eventpubli-
kum?
Das sind keine schlechteren Menschen, aber es ist ein
Publikum, für das es genügend alternative Unterhal-
tungsangebote gibt. Shows, Konzerte, andere Sport-
arten. Für Fußballfans, die sich nicht als reine Konsumenten verstehen, gibt es keine Alternativen. So wie
beim Fußball kann man nirgendwo seine Emotionen
ausleben. Wer ein Event besucht, um unterhalten zu
werden, hat in Deutschland sehr viele Möglichkeiten. Und außerdem hat das auch eine soziale Komponente. Fußball war schon immer auch ein Sport
für Menschen aus der sogenannten Unterschicht, die
in der Kurve ihren sozialen doppelten Boden hatten.
Und nirgendwo anders treffen Menschen aus so un-
terschiedlichen sozialen Schichten zusammen wie
beim Fußball. Das mag nur einmal in der Woche oder
alle vierzehn Tage passieren, aber es passiert und ich
finde das für unsere Gesellschaft sehr wichtig.

Inwiefern?

Beispiel Union Berlin: Hier haben wir im Vergleich zu vielen anderen Profivereinen geradezu idyllische Zustände. Eine Klubführung, die den Fußball ähnlich sieht, wie wir Fans es tun, ein Stadion, in dem der Stehplatzbereich sogar noch ausgebaut wird, statt zu verschwinden. Der Verein begreift sich als soziale Gemeinschaft, besonders für die, denen solch eine Gemeinschaft ansonsten fehlt. Es gibt Weiterbildungsangebote für Fans, die keinen Job finden, Initiativen, die Menschen mit sehr geringem Einkommen Auswärtsfahrten bezahlt oder Dauerkarten finanziert. Der Fußball hat eine unglaublich große soziale Kraft.

Welche Rollen spielen dabei die Ultras?

Sie haben sich genau diese soziale Komponente auf die Fahnen geschrieben. Und sie haben sehr zu einem moralisch und ethisch saubereren Umgang in den Kurven beigetragen. Stadien waren früher ein Ort, wo sich Rechtsradikale, Homophobe, Rassisten und Sexisten ausleben konnten. Der DFB reklamiert die erfolgreiche Bekämpfung dieser Strömungen für sich, aber den Löwenanteil daran haben ganz klar die Ultras.

Wie siehst Du die aktuelle Entwicklung des Fußballs mit Blick auf die von Ihnen beschriebene Fankultur?

Leider sehr negativ. Fußball braucht den sportlichen Wettbewerb, damit die Leute sich auch weiterhin für ihn interessieren, Sport braucht Spannung und Gerechtigkeit, sonst macht er keinen Sinn. Fußball lebt von Tugenden wie Kampfgeist, dem Ur-Gedanken, dass elf Freunde zusammen Großes leisten können. Aber jeder weiß schon jetzt, im Herbst 2017, dass die Bayern im kommenden Sommer Meister werden. Und vermutlich auch 2019 und 2020. Es gibt keine Unwägbarkeiten mehr, das macht den Spitzenfußball langweilig und austauschbar. Und wohin führt das, wenn ein Mann wie Dietrich Mateschitz innerhalb von wenigen Jahren einen Verein in die Champions League führen kann, der den Namen seines Produkts trägt? Werden die Menschen ihr Herzblut für den FC Persil oder TSV Coca-Cola vergießen? Ganz sicher nicht. Und was passiert, wenn die Menschen, von denen ich vorhin sprach, nicht mehr zum Fußball gehen, weil es ihnen zu teuer geworden ist, sie keine Lust haben, am Freitagabend fünfhundert Kilometer nach Freiburg zu fahren oder auf dem Weg nach Hamburg von der Polizei wie Schwerverbrecher behandelt zu werden? Wenn selbst sie das Interesse an dem Sport verlieren? Dann werden sehr viele von diesen Menschen mit Billigbier vor dem Supermarkt landen oder extremistischen Menschenfängern in die Netze gehen. Fußball war schon immer die Möglichkeit, nach einer harten Woche seinen Frust und seine Wut im Stadion zu lassen. Wo wird die Wut abgelassen, wenn es keinen Fußball mehr gibt?

Was kann man tun, um diese Entwicklung zu stoppen?
Willst Du eine realistische oder eine romantische
Einschätzung?

Beide.
Die realistische ist, dass es in spätestens zwanzig Jahren nicht mehr möglich sein wird, einen Verein im deutschen Profifußball zu halten, der nur von mittelständischen Sponsoren aus dem Umfeld des Klubs finanziert wird. Der Einfluss der aktiven Fanszene wird immer weiter zurückgehen, weil die Verbände und die meisten Klubs den Fußball nicht als soziale Säule dieser Gesellschaft begreifen, sondern als Möglichkeit, viel Geld zu verdienen. Der Zug des Geldes ist nicht mehr aufzuhalten.

Bitte jetzt schnell die romantische Einschätzung.
Vielleicht wenden sich die Menschen irgendwann ähnlich angewidert ab, wie sie das beim Radsport oder auch den Olympischen Spielen getan haben. Vielleicht spaltet sich der Fußball auf in jene, die ihn als Spekulationsobjekt begreifen und jene, die sich tatsächlich ihren Fans verbunden fühlen. Vielleicht bekommen wir dann Spielklassen, die so fair und ehrlich und durchlässig strukturiert sind, dass der sportliche Erfolg nicht mehr erkauft werden kann, sondern echter sportlicher Wettkampf entscheidet. Am Beispiel von 1860 München kann man sehen, wie

befreiend es für Fans sein kann, wenn sie vielleicht an sportlicher Qualität verlieren, aber dafür wieder ihre Ideale leben können. Die spielen jetzt, in der vierten Liga, endlich wieder in ihrem Heimatstadion an der Grünwalder Straße und haben an jedem Spieltag die Hütte voll. Ich selbst bin Mitglied bei Austria Salzburg, jenem Verein, der von Fans wiedergegründet wurde. Ähnliche Beispiele gibt es auch anderswo und es wird mehr davon geben. Reclaim the game – holt euch das Spiel zurück. Vielleicht ist das ein Weg.

In Hannover blieben regelmäßig die Ultras weg, um gegen Martin Kind zu demonstrieren. Was passiert in den Kurven, wenn sich die Ultrakultur auflöst?
Ich halte es für einen großen Fehler, wenn Politik, Polizei und Entscheider die Ultraszenen allzu oft wie Feinde behandeln, zum Beispiel mittels der unsäglichen Kollektivstrafen. Wenn die Ultras nicht mehr kommen, entsteht auf den Kurven ein Vakuum und vielleicht springen dann Menschen in die Lücke, die man sich noch viel weniger im Stadion wünscht.

Dieses Buch ist wie dieses Interview aus der Unzufriedenheit über die Entwicklungen im Fußball entstanden. Stehen wir mit dieser Enttäuschung alleine da?
Ganz und gar nicht. Wie viele Menschen wirklich von ihrer großen Liebe gefrustet sind, hat man daran gesehen, aus wie vielen Kehlen die »Fick dich, DFB«- oder

»Fußballmafia DFB«-Rufe kamen. Das waren nicht nur die harten Kerne der Ultragruppen, das waren so viele, die einfach die Schnauze voll haben. Sie sind wütend auf einen Verband, der eigentlich ihre Interessen vertreten sollte, das aber nicht tut. Und unabhängig von den Rufen werden es immer mehr, die irgendwann einmal ihr Herz an diesen Sport gehängt haben, aber wissen, dass es so nicht mehr weitergehen kann.

13. KAPITEL

MÜNCHEN

In dem der Autor das schönste Stadion Münchens besucht, weil nirgendwo anders Enttäuschung und Erfolgsgeilheit so nah beieinanderliegen.

München ist eine komische Stadt. Zumindest aus Sicht von Fußballfans. Die schwerreiche City beherbergt den reichsten Verein des Landes, den FC Bayern, über den hier nicht unnötig viele Worte verloren werden sollen, denn im Mia-san-mia-Eigenverständnis des Klubs spielen die Bayern ohnehin in einer eigenen Liga und dort können sie nach Meinung des Autors auch bleiben. Und dann gibt es den TSV 1860 München, dessen Anhänger sich seit jeher als Gegenpol zu den Bayern begreifen und immer schon ein Arbeiterverein sein wollten. Bloß scheint man das in der Vereinsführung nicht wahrhaben zu wollen. Vielleicht hatte man auch die Sticheleien der roten Konkurrenz beim Oktoberfest oder anderen lederhosigen Veranstaltungen satt. Wie sonst kann man sich die so unglaublich basisfernen Entscheidungen der Vergangenheit erklären? Erst kaufte man sich in jene seelenlose

Schüssel mit ein, die seit der Eröffnung als »Allianz Arena« bekannt ist, obwohl man gar nicht die Knete dafür hatte. Und als man dann feststellte, dass man für all die hochtrabenden Pläne die Knete brauchte, überließ man diesen altehrwürdigen Verein 2011 einem jordanischen Geschäftsmann namens Hasan Ismaik, der für achtzehn Millionen Euro sechzig Prozent der Aktien des kurz vor der Insolvenz stehenden Klubs erwarb. Dieser Herr Ismaik machte vor, was kluge Anhänger seit vielen Jahren befürchten, wenn man Investoren auf den Fußball loslässt. Er schiss auf die große Tradition dieses Vereins, auf all die Erinnerungen an den lustigen Torwart Radenković, den knurrigen Lorant, die Identität als Arbeiterklub und Antipode zum FC Bayern. Stattdessen tat er das, was Investoren nun einmal tun: Er sah 1860 als Spekulationsobjekt. Spekulationen sind deshalb so gefährlich, weil sie das Risiko beinhalten, dass die Spekulation nicht den gewünschten Erfolg einbringt. Was für einen Fußballverein ziemlich üble Folgen haben kann. Im Fall von 1860 den Abstieg aus der 2. Liga im Sommer 2017. Da hatte Herr Ismaik schon so viel Schaden angerichtet, dass die sportliche Pleite von vielen Anhängern gar als Befreiung wahrgenommen wurde, verweigerte der Jordanier die erforderlichen Zahlungen für die Lizenz der 3. Liga, weshalb der stolze Verein in die 4. Liga durchgereicht wurde.

Dort spielen die Löwen wieder in ihrer eigentlichen

Heimat, dem Grünwalder Stadion im Münchener Stadtteil Giesing, und siehe da: die Heimspiele sind seither beständig ausverkauft. Warum das so ist, wird sich der Geschäftsmann fragen. Weil die Liebe zu einem Verein nichts mit der Ligazugehörigkeit zu tun hat – jedenfalls für die, die tatsächlich ihr Herz an den Klub verloren haben. Sondern mit einem Zusammengehörigkeitsgefühl, einer echten Heimat – und in diesem Fall auch mit einer diebischen Freude daran, dem schwerreichen Investoren zu beweisen, was es bedeutet, Fan zu sein. Und endlich ist man auch wieder ein echter Gegenpol zu den Bayern, obwohl man lange nicht weiter davon entfernt war, sportlich und geografisch gesehen. Mögen sich die Siegestaumler an den nächsten Kantersiegen und Meisterschaften aufgeilen, beim TSV 1860 spielt man wieder im Grünwalder und das Ticket kostet so viel wie zwei Hot Dogs in der Versicherungswabe, die des Nachts so hübsch leuchtet, in der man aber kein Bier mit in den Innenraum nehmen kann. Vielleicht aus versicherungstechnischen Gründen.

So ist München im Jahr 2017. Champagner und Uli Hoeneß dort, Viertliga-Maloche und Helles hier. Stadt der Gegensätze. Ein Ort, auf den sich Fans und Jubelperser gleichermaßen einigen können, ist die Fußballkneipe Stadion an der Schleißheimerstraße, inzwischen eines der berühmtesten Lokale seiner Art. Was sicherlich auch an zahlreichen Auftritten in Funk und Fernsehen liegt, vor allem aber an seinen Eignern, die ihr Stadion seit der Eröffnung 2006 so konsequent in einen Ort der Fußballvöllerei verwandelt haben, dass der Sport von jedem Quadratzentimeter der Decke tropft. Aber schieben wir den Besuch dort um einige Stunden nach hinten, bis zum Anpfiff an diesem Champions-League-Mittwoch ist noch etwas Zeit.

Ich bin mit einem Mann verabredet, den ich seit 2006 kenne, aber nie persönlich getroffen habe. Mathias Buhl betreibt seit vielen Jahren einen formidablen Onlineshop namens SpielRaum und verkauft dort vorrangig T-Shirts und Hoodies mit Aufdrucken wie »Zeugen Yeboahs« und mit den Konterfeis von Carlos Valderrama, Eric Cantona oder Helmut Rahn. Früher kleidete ich mich privat bei ihm ein und präsentierte stolz neue Klamotten, auf denen ein kleiner Fan von Feyenoord Rotterdam dem Gegner den Stinkefinger zeigte oder ein Konterfei von Mehmet Scholl mit der Botschaft »A good year for football – 1970 – Mehmet Scholl was born« prangte. Später sponserte er mein Fanzine 3 *Ecken Ein Elfer* mit Werbeanzeigen (Ganze Seite fünfzig Euro!) und Produkten für Verlosungen. Mathias gehört für mich zum Zirkel jener deutschen Fußballkulturschaffenden, die sich nicht jedes Jahr deshalb einen Preis verleihen müssen. Ihn wollte ich endlich persönlich kennenlernen.

Als es soweit ist, sorge ich gerade in einem israelischen Restaurant für die abendliche Grundlage.

Schließlich wollen wir Fußball gucken und Bier trinken. Wir kennen uns nun schon so lange und auch wieder nicht, der Kontakt bestand bislang lediglich aus E-Mails, Facebook-Nachrichten und einigen wenigen Telefonaten. Er ist mir gleich sympathisch, wie er da mit zwei Augustinern in der Faust und Hut auf dem Kopf vor mir steht und schließlich Platz nimmt. Mathias ist Münchener, aber es fällt mir sehr schwer, ihn im Lodenmantel beim Geld ausgeben vorzustellen. Der Mann gehört eher zu jener alternativen bajuwarischen Fraktion, mit der man gerne in verrauchten Kellerkneipen versacken möchte, um über frühere Hausbesetzungen oder Bernhard Winkler zu diskutieren. Leider ist Mathias Bayern-Fan, aber man darf ihm das nicht zum Vorwurf machen. Sein Vater, der von Beckenbauer und dem Müller Gerd einst in seinen Bann gezogen wurde, ist daran schuld. Damals wurden die Roten zwar auch schon ständig Meister, aber es war eine andere, wesentlich unschuldigere Zeit. Ihren sagenhaften Erfolg verdankten sie mehr dem Umstand, ein, zwei goldene Generationen herangezüchtet zu haben, als der Konkurrenz die besten Spieler wegzuschnappen oder sich die Trainingslager von Schurkenstaaten bezahlen zu lassen.

Mathias geht es ähnlich wie mir. Bereits nach dem ersten halben Liter klagen wir uns gegenseitig das Leid über unsere gemeinsame Liebe Fußball, die sich seit vielen Jahren immer mehr von uns entfernt und statt die Nächte in den Kellerbars zu verbringen lieber mit ihren neuen Lovern Luxusurlaube in Monaco verbringt. Gequältes Lächeln bei Mathias. Während er in seinem Shop Kleidung verkloppt, die vergangene Heldentaten besingt und schauen muss, wie er mit diesem Geschäftsmodell über die Runden kommt, ist sein Herzensverein zu einer durch Hunderte von Millionen Euro aufgepimpten Siegesmaschine mutiert. Nationale Pokalsiege und Meisterschaften werden von dieser Erfolgsfabrik nicht mehr wirklich gefeiert, der Mensch gewöhnt sich eben an alles, auch daran, einen großen Silberteller in die Höhe zu stemmen. Wahre Emotionen werden erst ab dem Champions-League-Viertelfinale freigesetzt und selbst da ist es für die Bayern normal geworden, Siege einzufahren.

Aktuell gibt es vielleicht noch drei oder vier Vereine, die den Münchenern auf Dauer das Wasser reichen können und weil das so ist, wünscht sich die Führungsriege um Karl-Heinz Rummenigge seit Jahren eine eigene Weltliga, in der nur die Superreichen gegeneinander antreten. Als diese Idee vor Jahren aufkam, war ich strikt dagegen. Inzwischen neige ich dazu, Kalle Rummenigges Vorschlag zu unterstützen. So weit ist es gekommen. Mathias geht es ähnlich. Der Profifußball ist ohnehin zu einer Mehrklassengesellschaft geworden, Klubs wie Werder Bremen – Meister 2004 – oder der VfB Stuttgart – Meister 2007 – werden nie wieder auch nur annähernd eine Chance haben, »Vereinen« wie Bayern München oder Manchester City das Wasser zu reichen. In der Bundesliga wird den Münchenern bereits eine Krise angedichtet, wenn sie zwei Spiele in Folge nicht gewonnen haben. Ein hilfloser Versuch, so etwas wie Spannung in einem Wettbewerb zu erhalten, der immer langweiliger geworden ist.

Mathias sieht das genauso. Er erinnert beim nächsten Bier an die Saison 1991/92. Damals wurden die Bayern unter Trainer Erich Ribbeck nur Zehnter. »Nie war ich mehr Fan als in diesem Jahr«, sagt Mathias, der endlich auch erleben durfte, wie kostbar und selten Siege sein können. Ihm geht der Dauererfolg seines Klubs auf den Keks, weil er weiß, was das für den sportlichen Wettbewerb bedeutet. Mit RB Leipzig haben die Bayern nun vermutlich einen neuen Konkurrenten dazubekommen. Aber soll man sich ernsthaft darüber freuen? Kurz müssen wir lachen, weil wir wie zwei alte Opas klingen, die es sich mit Kissen am Fensterbrett gemütlich gemacht haben, um die Jugend und die Gegenwart zu beschimpfen. Aber dieser Über- und Verdruss in Sachen moderner Fußball ist keine Frage des Alters, sondern der Einstellung. Wie man zum Sport steht und was das mit einem macht, wenn man seit seiner Kindheit Fußballfan ist und einen die Entwicklung seit vielen Jahren traurig und wütend macht. Zum Glück werden wir immer betrunkener, das lindert den Schmerz. Auf ins Stadion.

Am Eingang der bereits pickepackvollen Kneipe klebt ein Werbeplakat von Mathias' Onlineshop, daneben wartet Kneipenbesitzer Holger Britzius, genannt Holle. Die beiden kennen sich seit Jahren und begrüßen sich innig. Auch mit Holle verbindet mich eine jahrelange Bekanntschaft, ohne dass wir uns persönlich über den Weg gelaufen wären. Freundschaftliches Abklatschen und ein kurzer Schnack über das, was uns heute erwartet.

»Klar kannst du am 18. kommen«, hatte mir Holle auf meine Mailanfrage geantwortet, »aber Champions-League-Bayern ist eher eine öde Veranstaltung. Wir empfehlen eher, dir mal einen kompletten Samstag bei uns zu geben ... vom 13 Uhr-Sandhausen-Spiel bis zum Top-Spiel. Da sind erfahrungsgemäß auch die interessantesten Gäste und der Pegel steigt kontinuierlich :-)«

Das habe ich leider nicht geschafft, aber die Mail brachte eine erstaunliche Erkenntnis: Auch ein Mann, der mit Fußballzuschauern seine Knete verdient, macht inzwischen Abstriche, wenn es um das Erlebnis Live-Fußball geht. Sein Laden ist bis auf den letzten Platz besetzt und natürlich freut er sich über jeden Kunden, aber das, was gleich über die Leinwände flimmern wird, würde er am liebsten gar nicht zeigen. Bayern gegen Celtic Glasgow, jeder hier weiß, dass die Schotten verlieren werden. Überschäumende Stimmung ist nicht zu erwarten.

Als wir uns auf die letzten Barhocker geklemmt haben, schaue ich mir das Stadion in Ruhe an. Ganz hinten kann man auf Schalensitzen Platz nehmen, dahinter macht ein riesiges Foto einer südamerikanischen Fankurve den Laden noch bunter, überall hängen Trikots, Schals und Erinnerungsstücke aus einer anderen Zeit. Das Stadion ist eine Hommage an das Spiel und seine großen Geschichten, wie jede gute Fußballkneipe eben. Das Publikum ist im Schnitt Ende zwanzig, ziemlich gemischt, eher studentisch geprägt. Es sind sicherlich sehr viele sympathische Menschen darunter, die ähnlich ticken wie wir, aber weil ich schon in Meckerrentner-Stimmung bin, fällt mir ein Pärchen am anderen Ende des Ladens auf. Er hat eine schicke Frisur, eine schicke Brille und ein Jeanshemd, sie einen Fitnessstudio-Körper und lange blonde Haare. Wie aus dem Katalog. Sie werden das ganze Spiel über verträumt Händchen halten und wenn die Tore fallen, wird sie ihm ein wissendes Lächeln schenken und ihm dabei zuzwinkern, während er die Faust ballt und mal wieder einen Sieg feiert. Manche Menschen können von Erfolg gar nicht genug bekommen. Neben mir wird Mathias sitzen und bei jedem Tor gequält lächeln. So unterschiedlich kann man sich über ein 3:0 freuen.

Die zweite Halbzeit hat längst wieder angefangen, da stehen Holle, Mathias und ich noch immer vor der Tür und tauschen Erinnerungen an Michael Sternkopf oder Uli Borowka aus. Eigentlich wären wir alle jetzt lieber bei einem Viertligaspiel im Grünwalder und würden dort unser Bier trinken. Die sportliche Qualität wäre so viel schlechter, wie das Gefühl, dennoch am richtigen Ort zu sein, existenter wäre. Das ist die Krux an der Entwicklung und dem vielen Geld: der beste Sport wird natürlich dort gespielt, wo auch das Geld ist. Aber es gibt nur ein Grund dafür, warum Mathias seinen Shop eröffnete, Holle gemeinsam mit Kumpel Michel Fanschals unter die Decke hämmerte und ich über Fußball schreibe. Jeder will schönen Fußball sehen, aber es ist nicht nur das schön, was auf dem Platz passiert. Das Spiel verliert an Charakter. Außer seiner Optik hat es nicht viel zu bieten. Also geht man lieber mit den hässlichen Verlierern trinken, die haben nämlich die aufregenderen Geschichten zu erzählen. Womit hier selbstverständlich nicht Mathias gemeint ist.

Wir verlassen mit gemischten Gefühlen das wirklich schöne Stadion an der Schleißheimerstraße. Ein Dauerzustand, wenn es um unsere große Liebe geht. Eigentlich hätten wir uns längst trennen sollen, aber das geht nicht so einfach nach so langer Zeit. Wir hängen am Fußball und damit uns vorhin nicht zu sehr die Galle hochkam, erinnerten wir an die Münchener Einkäufe der Neunzigerjahre und fragten uns, was wohl Ruggiero Rizzitelli gerade macht. Trotzdem half das nicht, die Enttäuschung zu verbergen.

Hat sich der Fußball von uns oder haben wir uns vom Fußball entfernt? Nein, es ist der Fußball. Aber weil selbst an Spieltagen wie heute das Stadion voll war, weil es noch immer so viele Menschen gibt, die sich vom Fußball entweder nicht losreißen können oder denen es einfach scheißegal ist, ob sich der Fußball von Typen wie uns entfernt hat oder nicht, juckt es die Macher der Millionenshow nicht, ob die Buhls und Raacks dieser Welt traurig und enttäuscht sind.

Der Abend geht trotzdem versöhnlich zu Ende und auch daran hat der Fußball seinen Anteil. Mathias hat mir einen Schlafplatz bei seinem Kumpel Ingo klar- gemacht, den Mann hat er mir als »typischen Münch- ner« vorgestellt, bisschen geleckt und gleichzeitig ein super Typ. Ist er auch, dazu noch Werder-Fan und wie ich war er 2004 im Münchner Olympiastadion, als Bremen mit dem 3:1 die Meisterschaft vorzeitig klar- machte und der Süden nie grüner und weißer war. Ingo hat in seinem Badezimmer einen echten Schatz stehen: den Korken aus einer Schampusflasche, den Johan Micoud persönlich vor der Bremer Kurve an jenem wunderbaren Nachmittag ins jubelnde Volk schoss. Ingo fing das Ding, fand einen Platz im Bade- zimmer und erzählt seinem Bayern-Freund Mathias bis heute mindestens einmal in der Woche, wie er einst den Korken fing. Fußball macht aus großen Männern kleine Jungs, und auch deshalb wünschen wir uns alle einen begehrenswerten Fußball zurück, damit unsere Jungs und Mädchen später mal solche Geschichten erleben und den Rest ihres Lebens genießen können.

München, eine Stadt voller Gegensätze. Vierte Liga, Weltliga, Erfolgspärchen, am Erfolg überfressene Fans, Fans, die sich glücklich schätzen dürfen, zwangsabgestiegen zu sein, weil dort unten ihr Zuhause wartet. Fazit dieses langen Tages in Bayerns Hauptstadt: Es ist furchtbar kompliziert geworden, den Fußball zu mögen. Vielleicht bewirken aber gerade diese neumodischen Probleme, dass sich Fans wieder daran erinnern, was sie eigentlich zu Fans hat werden lassen. Es hat einen Grund, warum der Bayern-Fan Mathias sehnsüchtig an die Katastrophenspielzeit unter Erich Ribbeck zurückdenkt, statt mit den Jubelpersern aus seiner Heimatstadt auf die nächste Meisterschaft anzustoßen. Es hat einen Grund, warum bei den Heimspielen der Löwen plötzlich wieder richtig gute Stimmung herrscht. Der Reiz des Fußballs liegt ja nicht nur darin, Tore und Siege zu bejubeln. Sondern auch darin, eine Verbindung zum eigenen Herzensklub aufzubauen, die mit dem Tabellenplatz oder der Ligazugehörigkeit wenig zu tun hat. Wenn Fußball das große Spiel der Emotionen ist, dann lässt sich an München recht gut festmachen, wie und warum diese Emotionen zustande kommen. Der Scheich der Sechziger oder Kalle Rummenigge werden das vermutlich nie begreifen können. Aber das macht nichts. Mit ihnen möchte man auch nicht an der Theke stehen und über Ruggiero Rizzitelli philosophieren.

14. KAPITEL

ZUHAUSE

Am Ende einer Entdeckungsreise steht immer auch die Sehnsucht nach einer Antwort. Einer Antwort auf die Frage, was man auf dieser Reise nun alles entdeckt hat. Sehnsucht, weil es nicht immer eine Antwort gibt.

Warum bin ich vor mehr als einem Jahr aufgebrochen, um in Lehe, Witten oder Stuttgart Geschichten von Menschen zu erfahren, für die Fußball mehr ist als nur eine Ballsportart? Und was haben mich die Besuche in Bremen, Weimar oder im deutsch-tschechischen Grenzland gelehrt? Welche Erkenntnisse habe ich als Capo von Schiedsrichter-Ultras oder auf dem Plastikstuhl vor dem Frankfurter Bosna Grill gewonnen? Hat sich die Reise gelohnt?

Ich habe diese Reise angetreten, um ein Buch zu schreiben. Ich wollte etwas beisteuern zum Thema Fußball- und Fankultur. Weil ich, der doch früher auch völlig kritiklos vor der Glotze oder im Stadion saß, um mich in diesem Spiel und seinem ganzen Wahnsinn zu verlieren, plötzlich nicht mehr Fußball schaute. Ich fing an, mich regelmäßig über den großen Fußball zu ärgern. Doch nicht nur das. Ich war sehr häufig einfach angewidert, wie zynisch manche Entscheider mit der Liebe der Zuschauer zum Fußball dealten. In Katar sterben Zwangsarbeiter beim Bau der WM-Stadien? Schwund ist immer, mögen die Spiele bald beginnen. Fußballer kosten mehr als Hochhäuser? So läuft es halt. Überall Geschichten von völliger Verachtung dessen, wofür der Fußball eigentlich steht: ein Mannschaftssport, bei dem einer auf den anderen aufpasst. Stattdessen werden Tickets immer teurer, Spieltage zerstückelt und Anstoßzeiten richten sich nicht nach im Stau stehenden Zuschauern, sondern nach dem zuständigen Programmdirektor. In vielleicht keiner anderen Branche ist der Einfluss des Geldes so unübersehbar wie im Fußball. Unsere Stars waren früher schon reich, aber heute gehören sie zu den reichsten Menschen der Welt. Die noch reicheren Menschen kaufen sich ihre Klubs und gestalten sie zu einer Art Luxushobby für Superreiche um.

Der aktuelle Zustand des Fußballs macht mich wütend und traurig. Es gibt dazu einen sehr passenden Fangesang, der in den vergangenen Jahren häufig zu hören war: »Und ihr macht unseren Sport kaputt!« Genau so fühlt es sich an. Wer wäre man, wenn man nicht wenigstens versuchen würde, für die große Liebe zu kämpfen?

Ich bin losgezogen, um Geschichten zu erzählen, die berührend und besonders sind, weil sie von Menschen handeln, die verrückt nach Fußball sind. Und deshalb durchgeknallte Spielfilme drehen oder aus der DDR fliehen wollten. Geschichten, die stellvertretend für zahllose andere ähnliche Geschichten stehen, die das Fundament des Fußballs sind. Wie viele Ehen wurden wohl in Deutschland schon geschlossen, weil sich zwei Menschen beim Fußball lieben gelernt haben? Und wie viele Kinder laufen wohl durch dieses Land, die Ergebnis dieser Liebe aus gemeinsamer Leidenschaft sind? Müsste man eigentlich mal untersuchen.

Fußball ohne Fans ist nur ein Spiel. Fußball mit Fans ist etwas Besonderes. Und jetzt nimmt man den Fans das Spiel nach und nach weg. Vielleicht, das war die Intention des Buches, erinnern diese Geschichten den Leser daran, wie großartig Fußball sein kann und helfen ihm dabei, die eigene Sicht auf die Dinge zu überdenken oder motivieren dazu, sich gegen diese Entwicklung zu stemmen. Reclaim the Game. Holt euch das Spiel zurück. Das gilt heute mehr denn je. Und abgesehen von diesen gewichtigen Gründen wollte ich einfach eine tolle Zeit haben und mal wieder zum Fußball gehen. Das hat auf jeden Fall funktioniert.

Was habe ich auf meiner Reise entdeckt? Und was haben mich diese Entdeckungen gelehrt? Im Berliner Olympiastadion, ganz am Anfang, habe ich erleichtert feststellen können, dass mich ein Bundesligaspiel noch immer in seinen Bann ziehen kann, dass das Feuer längst nicht erloschen ist. In Frankfurt, mit meinen Jungs, wurde mir eindringlich unter Beweis gestellt, was für eine überragende Sache Fußball sein kann, um mit Freunden eine gute Zeit zu haben. In Köpenick wurde der kleine Nerd in mir befriedigt, der Horst-Hrubesch-Buttons und Spielzeugautos von der WM 1990 sammelt. Außerdem durfte ich mir viele schöne Stadien anschauen und feststellen, wie wunderbar schöne Stadien eigentlich sind. Ich war in Weimar und habe mir von einem Ex-Häftling erzählen lassen, wohin einen diese Leidenschaft Fußball spülen kann, wenn man nicht aufpasst. Im Hamburger Fußballmuseum stehen überall große Geschichten, und Tradition spielt im Fußball eben eine sehr große Rolle. Spätestens seit Hamburg weiß ich, wie wichtig es ist, diese zu pflegen. Ich fuhr nach Essen und trank Bier mit einem Mann namens RWE-Sandy. Sandy ist einer dieser geilen Typen, die man tatsächlich nur beim Fußball findet. Jeder kennt solche Charaktere. Ich finde sie großartig. Deshalb hat Gerrit Starczewski seine Pottoriginale und dass ich darin eine kleine Rolle abgestaubt habe, werde ich ihm natürlich nicht vergessen. Und ebenfalls nicht die herrlich bekloppten Menschen, die er da aus den Untiefen der deutschen Fanlandschaft gefischt hat. Wir gehen auch deswegen zum Fußball, um Typen wie Sandy oder die anderen Originale zu sehen. Im Kino oder beim Konzert findet man sie nämlich nicht. Oder nur sehr selten. Lehe, wo angeblich die Menschen mit den meisten Schulden in Deutschland leben, war ein schönes Beispiel dafür, was für soziale Kräfte in diesem Sport stecken. Wie im Amateurbereich das weiterlebt, was man im Profifußball so schwer vermisst. Ein großes Miteinander, motiviert durch gemeinsamen Erfolg und Spaß. Und nicht durch die Kohle. Sokolov war auch deshalb ein besonderes Erlebnis, weil Fußball viele großartige Reisende hervorbringt, weil man, wenn man will, die ganze Welt bereisen kann, um Fußball zu gucken. Vermutlich gibt es auf der Welt mehr Fußballplätze als Kirchen. Einer davon befindet sich in Tschechien und zum Dank dafür, dass ich mich der formidablen Reisegruppe Råtskrøně angeschlossen hatte, bekam ich am Ende des Abenteuers ein selbstbemaltes Banner als Geschenk überreicht.

Im Zuge der Arbeit für dieses Buch rief ich bei Hartmut Strampe an, um mich endlich vorzustellen. Er war sehr nett. Und erzählte mir, dass vor einigen Monaten Manuel Gräfe bei ihm angerufen hatte, um zu verkünden: »Die Brigade Hartmut Strampe hat sich aufgelöst.« Lieber Herr Gräfe: Das ist nicht korrekt. Den Schiedsrichter anzufeuern hat mir bewiesen, was für ein Spaß so ein Fußballspiel sein kann. Fußballfans hauen sich schon mal aufs Maul und trinken zu viel, aber sie können auch sehr unterhaltsam sein. Fans sind die modernen Abenteurer unserer Zeit und einen dieser Abenteurer aus einer anderen

Zeit traf ich in Stuttgart. Erkenntnis dieses Treffens: Fußball muss nicht nur bezahlbar sein, Fußball muss Abenteuer bleiben.

Dass gerade in München, der Stadt mit dem vielen Geld und den teuersten Fußballern, der Frust über die von den alles beherrschenden Bayern ausgelöste Wettbewerbslangeweile immer größer wird, hat mich nicht überrascht. In der deutschen Fußballstadt Nummer eins gibt es sehr viele Menschen, die ihr Herz an den Fußball verloren haben und deshalb ganz genau wissen, dass Fußball keinen Spaß macht, wenn jedes Mal die gleiche Mannschaft gewinnt. Fußball ist dann ein Abenteuer, ein großes Spektakel, ein Freundschaften entstehen lassendes Spiel, wenn es spannend wird, wenn man nicht weiß, wer gewinnt, wenn Dinge passieren, mit denen man nicht gerechnet hat, von denen man nur zu träumen wagte. Wunder werden immer weniger, nicht nur in Deutschland. Was sagt so eine Erkenntnis über eine Sportart aus? Dass vielleicht bald keiner mehr hingeht, vermutet der Fansprecher. Noch sind die Stadien randvoll, noch geben die Fernsehsender deshalb so viel Geld für die Übertragungsrechte aus, weil es sich offenkundig so sehr lohnt. Aber die Anzeichen verdichten sich, dass zunehmend mehr Fans die Lust verlieren. Es gibt sehr viele Menschen, die immer gerne Fußball gesehen haben, es aber nun weniger tun, weil sie der ganze Pomp nicht interessiert oder gar anwidert. Die Kurven haben sich verändert. Der Begriff »Eventfan« ist arg strapaziert worden, trifft es aber. Man kann niemandem vorwerfen, dass er Fußball nur als Unterhaltungskonsument verfolgt, aber das hat natürlich Einfluss auf die Fankultur. Eine kulturelle Verschiebung, wenn man so will. Will man das?

Und, hat es sich gelohnt? Die Reisen, die vielen Stunden Fußball aus besonderer Perspektive, das viele Bier? Mir haben diese Fahrten quer durch Deutschland gezeigt, dass ich nicht alleine bin mit meiner Unzufriedenheit über die Entwicklungen der vergangenen Jahrzehnte. Dass es gerade denjenigen, denen der Fußball besonders am Herzen liegt, zu Herzen geht, wie die Ideen des Spiels und vor allem die Werte seiner Kultur mit Füßen getreten werden.

Nun gibt es verschiedene Möglichkeiten, mit diesem Frust umzugehen. Man kann wütend im Stadion stehen, die Fäuste ballen und den DFB beschimpfen, die Liebe zum Fußball nach und nach einrosten lassen, die Entwicklung einfach ignorieren – oder sich auf die Suche nach Orten und Geschichten machen, die einem das bieten, was man als Fan selbst für essentiell hält. Ich habe diesen Weg gewählt und bin froh darüber. Zurück zum großen Fußball hat mich diese Reise allerdings nicht geführt. Während ich diese Zeilen schreibe, bereiten sich die Bayern und die anderen Champions-League-Teilnehmer auf das Viertelfinale vor, aber das interessiert mich nicht mehr.

Das sportliche Niveau in den Top-Ligen Europas steigt kontinuierlich, doch das allein reicht nicht aus, um die Herzen der Zuschauer zu erreichen. Ich würde lieber noch einmal die Essener Dampfe besuchen, um Sandy zuzuhören, als heute Abend ein Viertelfinale der »Königsklasse« zu schauen. Lieber nochmal nach Lehe fahren, als nach München zu fliegen.

Und genau deshalb hat sich die Reise gelohnt: Überall in diesem fußballverrückten Land finden sich herrliche Geschichten über Fußball, die man anschauen oder anhören kann, ohne dafür viel Geld zu bezahlen oder von Sicherheitskräften wie ein Motorradrocker behandelt zu werden. Man muss sie nur finden. Gott sei Dank ist das ganz leicht. Im Idealfall hilft der Besuch beim örtlichen Kreisligisten, wo man vermutlich schon am Bratwurststand mehr Spaß hat als bei RB Leipzig. Weil dort, wo Geld wenig bis gar keine Rolle spielt, vielleicht nicht alles, aber sehr viel aus Liebe passiert. Und wo die Liebe ist, da ist Zuhause. Meine Reise ins Herz der deutschen Fanseele hat mich genau dorthin gebracht.

DANKSAGUNG

1000 Dank an meine Schwester, die mich für dieses Buch mal wieder mit zu Werder genommen hat und der ich eh überallhin folgen würde. Danke meinem Bruder, der zwar nicht weiß, wer Charly Dörfel ist, aber sonst eigentlich alles. Danke Mamuschka, dass Du schon zu F-Jugend-Zeiten so ein toller Fan warst. Danke an meinen Papa, der mich zwar auch mal während eines EM-Endspiels anruft, »um ein wenig zu plaudern«, mich aber damals das erste Mal mit ins Stadion genommen und mit mir auf Uwe Seeler gewartet hat. Sternhold, Du kennst Dich aus mit Fußball-Männern, das merke ich jeden Tag. Grüße gehen raus an all die Menschen, die ich über den Fußball kennenlernen durfte: als Mit- oder Gegenspieler, Trainer, Fans, Sympathisanten, Liebhaber.

Besonderer Dank gilt den Menschen, die mir für dieses Buch ihre Geschichten erzählt haben oder mich dabei unterstützt haben, diese Geschichten zu erzählen: die Lingener, De Lange, Bene, Eddy, den Damen und Herren der Stadionansichtskartensammlervereinigung, Steffen und seinen Jungs, Achim und Dirk, Sandy, den tollen Menschen vom Leher TS, der Sektion Råtskrønĕ, Gerrit und den Pottoriginalen, den Supportern der Brigade Hartmut Strampe, Lutz, Mathias, Holle, Ingo und Sig.

Und natürlich lieben Dank an die tolle Lektorin Julia von Klett-Cotta und all den anderen Kollegen vom Verlag. Außerdem an Elisabeth und Valentin von der Elisabeth Ruge Agentur.

Zwei unglaublich talentierte Kollegen haben mir im Lektorat geholfen: Fabian Scheler und Martin Thaler. Falls sich jemand fragen sollte, ob es noch anständige Schreiber da draußen geben sollte – es gibt sie.

Alex Raack, März 2018

www.tropen.de

Alex Raack
Wolle
Ein Fan zwischen
Ost und West

250 Seiten, Klappenbroschur,
mit farbigem Tafelteil
ISBN 978-3-608-50382-1
€ 16,95 (D) / € 17,50 (A)

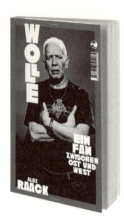

Die Biographie eines glühenden
Fußballfans und Staatsfeindes –
eine ganz besondere deutsch-deutsche
Geschichte

»Alex Raack erzählt dicht und packend von dieser
ostwestdeutschen Fankarriere, von der großen
Freiheit auf den Rängen und den Schikanen im
realsozialistischen Alltag, von halsbrecherischen
Auswärtsfahrten nach Ostrau und blumenwer-
fenden Dynamo-Fans.« Philipp Köster, 11 Freunde

www.tropen.de

Christoph Schröder
ICH PFEIFE!
Aus dem Leben eines
Amateurschiedsrichters

224 Seiten, Klappenbroschur
ISBN 978-3-608-50332-6
€ 16,95 (D) / € 17,50 (A)

»**Ein humorvoller und zugleich realistischer Blick auf den Volkssport Nummer 1, abseits der großen Show des professionellen Fußballs.**« 3sat Kulturzeit

Was ein Fußballschiedsrichter in den Amateurklassen erlebt, ist nicht die große Show, es ist das echte Leben. Hier kickt der Bäcker gegen den Schornsteinfeger und nach dem Abpfiff gibt's erstmal einen Kasten Bier. Authentisch und mit viel Ironie wirft Christoph Schröder einen ganz anderen Blick auf unseren liebsten Volkssport.